不思議とお金に困らない人の生き方

本田晃一

この本は、僕たちが「難しい」「汚い」「品《ひん》がない」……といったようなイメージを抱いてしまいがちなお金について、その思い込みから少しでも解き放たれて、豊かになっていただけるように、やさしい物語調にしてみました。

一人でも多くの人が、人生において花を咲かせられるように、〝花咲爺《はなさかじい》〟として、その知恵と経験を教えてくださった、日本一の投資家・竹田和平《たけだわへい》さん。

そして、若き日の僕にお金について伝えてくださった、幸せなお金持ちのみなさん。

今こそ、そうした人生の先輩方の思いを引き継ぎ、僕自身が〝花咲爺〟となって、お金と仲よくなるうえで大切な〝考え方〟について、お伝えしたいと思います。

僕がこれまでに受け取ってきた、〝幸せと豊かさのバトン〟を、一人でも多くの読者のみなさんに受け取っていただけたら、著者として望外の喜びです。

本田晃一

プロローグ――
ある日、突然「おカネの声」が聞こえてきた！

誰もが毎日のように触れているおカネ。見た目は、ただの「紙」と「金属」だけど、そんなおカネに、じつは意識があるとしたら……？

ボクは26歳。フツーの会社に勤める、フツーのサラリーマンだ。何も特別なところはない、そんなボクの耳に、ある日突然、おカネの声が聞こえてきた！　信じられないと思うけど、本当なんだからしょうがない。

きっかけは、いつものコンビニで、いつも買っている商品を手に取ったときだった。ふと値段を見ると、ほんの少し値上げされていた。

ほんの少しでも、ボクには大問題だ。だって、同じ商品に、より高いおカネを払わなくてはいけないのだから。

でも、ボクはその商品が気に入っていた。商品棚を見ても、ほかに選択肢はない。だから、仕方なくレジに向かい、財布を取り出した。「なに値上げしてるんだよ、まったくもう！」――なんて心の中で毒づきながら。

すると、どこからかゴニョゴニョと話し声が聞こえてきた。

レジのお姉さんに何か言われた？　うしろから誰かに話しかけられた？　それともコンビニで流れているラジオの音声？　どれも違った。ふと手元を見たら、財布の中のおカネがボクに話しかけていたんだ。

そして今度は、はっきりと、こう言っているのが聞こえた。

「おいおい、まったくお前さんのようなところは、居心地が悪くてかなわんのう……」

これが、話せるおカネ――「金じぃ」との出会いだった。

金じぃは、いったい何者なのか？　のちに金じぃから聞いたところによると、おカネであるようで、おカネそのものではない、そんな存在らしい。

ずっと昔、おカネが生まれたころから存在している「おカネの集合意識」とでもいったらいいのか、とにかく、すべてのおカネの総代《そうだい》として、金じぃはボクに話しかけてきたみたいなんだ。

それにしても、なぜ？　というのは単純な話で、ボクが、「おカネに対して、まるで基本がなっていない人間代表」に見えたから、つい話しかけてしまったという。

ここだけの話、ボクはずっと「もっとおカネがあったらな」「おカネ持ちになりたいな」なんて密《ひそ》かに思っていた。

もちろん、金じぃは、そんなこともお見通しだったが、どうやらボクの感情も意識も行動も、おカネ持ちになれるようなものではないらしい。

そうなのか……、残念！　だけど、すぐに思い直した。

ならば、いい機会だ、おカネ持ちになれる感情、意識、行動とやらを、この金じぃに教われればいいんじゃないか？

そう思って聞いてみたら、向こうもそのつもりだったようだ。

「うむ、よかろう。ではワシらともっと仲よくなるために大事なことを、これから教えていくぞ」

そこから、金じぃによる集中レクチャーが始まったのだった。

プロローグ――ある日、突然「おカネの声」が聞こえてきた！ 002

CHAPTER. 1
おカネって何なの？

ワシらは「魔法の杖」なんじゃよ 016
カネとは何か、まず考えてみる 016
8割の幸せはカネで買え、9割の不幸はカネで防げる 017
昔々、ワシらが存在しないころ…… 020
「感謝と豊かさの循環」を生んだもの 020
「インチキをした漁師」には、何が起こる？ 021
取引でトクをするのは、どんな人？ 023
取引は「1対1の交換」ではない！ 025
カネが生まれたことで、人間はより豊かになった 026
もっとワシらに「慣れて」くれんかのう？ 030
100万円を財布に入れて、平然と歩けるか？ 030
なぜ女の子慣れしていない男子は、モテないのか 031
「落としたら3カ月間、落ち込む額」を持ち歩く 033
大金を落としても大丈夫！ その理由 034

CHAPTER. 2

おカネは「使えば使うほどなくなるもの」……ではない？

ワシらは「つねに流れている」んじゃ 037
ぬいぐるみを「通貨」としたワーク 037
誰が経済を回しているのか？ 039
不景気を好景気に変えるもの 041
「自分には何かができる」と信じること 044
よいか？「使い方」と「受け取り方」は表裏一体じゃ 048
「自己投影」が、カネの出入りを左右する 048
「苦しみ」とともに使うか？「喜び」とともに使うか？ 050
「カネの流れ」を想像してみるんじゃ 055
そのカネは、どこから来て、どこへ行くのか 055
誰もがカネを通じて誰かを喜ばせている 058
これで「カネを失う恐怖」が消える 060
そしてカネを受け入れる「器」が大きくなる 062

つまり「使えば使うほど自分がトクをする」んじゃよ 065
人はカネと引き換えに何を得るのか? 065
世の中に、いっさいお店がなかったら…… 067
「欲しいものをカネで買える」ありがたみ! 069
「幸せのハードル」を下げてみい 074
「カネを使う喜びと感謝」を心に響かせる 074
今の「当たり前」は、本当は「当たり前じゃない」 075
なるべく「いい顔をした人」から買う 078

CHAPTER. 3

「使い方」を変えれば、「受け取り方」が変わる!

「ポジティブな人ほどリッチになる」、それにはちゃんと理由があるんじゃ 082
カネは、よくも悪くも人の気持ちを増幅させる 082
「ネガティブな心のクセ」を直す 084
「ホームステイ先」を見つける 085
「世の中に豊かさを流していること」を実感する 087
「自己犠牲」に陥らないよう、要注意! 089

CHAPTER. 4

あの人、どうしてそんなにおカネがあるの？

ワシらは、いつもお前さんの「顔」を見ているぞ 092
ラクに稼ぐ人はラクに使える 092
「稼ぎ方」より「使い方」を変えるほうが早い 094
カネを使うとき、どんな「顔」をしているだろうか？ 097
お！　その損は「おいしいネタ」と考えてみい 100
「カネ返せ！」と思いそうになったら 100
バッドラックを笑い飛ばす 101
「ムダ遣い＝悪」だと思っておらんかの？ 104
「価値のないもの」に、あえてカネを使ってみる 104
「価値を提供できない人」には価値がない？ 105
ひょいっと大金を使ったら、売上が伸びた話 107
ワシらのこと、どう思うかの？ 112
もしカネ持ちになったら、何が起こるだろう？ 112
サクッと未来にフォーカスすればいい 114
カネに対してどうありたいか？ 116

「カネと相思相愛な人たち」には、共通点があるんじゃ 120
「勝てるかどうか」より「楽しいかどうか」 120
褒められない、評価されない、それでもいいか？ 122
「勝ち負けレース」からイチ抜けするには、これじゃ 125
「カネへの執着」を取り払う 125
幸せなカネ持ちは、「財布のサイズ」が大きい 128
競争心は、遊びながら発散する 130
税金だって、素敵なカネの使い方じゃよ 132
なぜ幸せなカネ持ちは、喜んで納税できるのか 132
「当たり前」の多くは税金によって守られている 133
税金は「奪われるもの」ではない 136

CHAPTER. 5

おカネに長～く愛されたい！

ほれ、「その考え方」が、カネの入り口を狭くしてるんじゃよ 140
仕事に苦労はつきもの？ 140
「生活のために働く」のをやめる 143
今の生活に、より多くの幸せを見出せばいい 145
「やりがい」にも、意外な落とし穴があるぞ 147

「自分にしかできない」と思うと、苦労がついてくる　147
カネを引き寄せるのは、「素直に人に頼れる人」　148
「誰かを喜ばせていること」を、もっと実感せい！　153
もっと喜ばせて、もっと受け取っていい　153
初心を思い出させてくれるものを携帯する　155
自分を「最高値」で売る方法を教えるぞ　158
「付加価値」は必須ではない　158
自分で感じている「自分の価値」を上げればいい　159
「節約」すると、自分も節約されてしまう　161
航空券を定価で買ったら、いい仕事が舞い込んだ話　162
「素敵な自分」を自覚する　165
スキあらば「感謝＆感動」　166
なに？「稼いでから使う」じゃと？　169
もしカネがあったら、何に使う？　169
「目的」のあるところに、カネは集まりやすい　170
「キラキラのダム」を作ってみい　175
貯金のためにがんばらないこと　175
無理するほどに、貯まりにくくなるメカニズム　177
貯金額は、自分が人を喜ばせた結果　178
「使い切らない前提」で貯金する　180

CHAPTER. 6

どうやったら、「幸せなおカネ持ち」になれるんだろう?

なぜ「忙しい」のか、考えてみたことはあるかのう? 184
「忙しいほうが安心」という心理 184
「不安の感度」をぐんと落とす 186
「働かない者は痛い目を見る」は本当か? 189
「時間セレブ」になってみると、大きく変わるぞ 193
たった1時間の昼休みでも、ゆったり過ごせば大違い 193
ありえない時間の過ごし方をする 195
安心せい、「無一文」になっても大丈夫じゃ 198
日本のセーフティネットは世界有数レベル 198
自分と世の中を信じること 200
とにかく「今」を楽しむことじゃ 204
究極のお手本は「子どものころの自分」 204
新しい経験で、かつての自分を取り戻す 205

「自分ファースト」こそが人生の正解じゃ 208
「世間的な正解」ではなく「自分の幸せ」が正解 208
ほんの小さなことでも、「何が自分を幸せにするか」と考える 210
「旦那」思想で生きていく 212
おわりに——お金との誤解を解いて、お金と仲よくなるために 216

ブックデザイン　井上篤（100mm design）
イラスト　風間勇人
DTP　キャップス
編集協力　福島結実子

CHAPTER. 1

おカネって何なの？

ワシらは「魔法の杖」なんじゃよ

カネとは何か、まず考えてみる

金じぃ まず聞きたいんじゃが、お前さんはワシらともっと親しくなりたいと思ってくれているのかのう？

ボク 親しくなりたいかって……おカネ持ちになりたいかってことですよね？　もちろん、なりたいに決まってるじゃないですか！　だけど、それがなかなかうまくいかないから困ってるんですよ……。

金じぃ そうか、そうか。いや、お前さんを見ていると、どうも、言葉と行動がチグハグにも見えるんじゃが……、まあ、よかろう。その話は後回しにするとして、**もしワシらと親しくなりたいのじゃったら、まず、ワシらのことを、よく知ってほしいんじゃよ。**つまり**「おカネとは何か？」**ということじゃが、どうかな？

ボク おカネとは何か……。うーん、わかっているようで、わかっていないような……。

じゃあ、教えてください。おカネって、つまるところ何なんですか？

8割の幸せはカネで買え、9割の不幸はカネで防げる

金じぃ うむ。ワシらはな、ひと言でいえば**「魔法の杖《つえ》」**じゃ。

ボク 魔法の杖？　すみません、どういうことですか？

金じぃ ははは、そんな困った顔をせんでも、簡単なことじゃ。**カネがあれば、たいていのことは叶う。**そういうことじゃよ。

ボク いや、そうですかねえ。おカネで買えないものだってありますよ？

金じぃ もちろん、そうじゃ。でも8割の幸せはカネで買える、そして9割の不幸はカネで回避《かいひ》できる。実際そのことに気づいた人間がおってな。彼はそれに気づいてから、真剣におカネについて考え、おカネに恵まれる人生を送ったんじゃ。

ボク うーん、幸せも不幸もそんなにカネ次第なんでしょうか……？

金じぃ ふむ、**カネで幸せが買えるというと拒否反応を示す。これはキミらのように、カネ**

おカネがあれば、幸せは叶えられて、不幸は避けられる

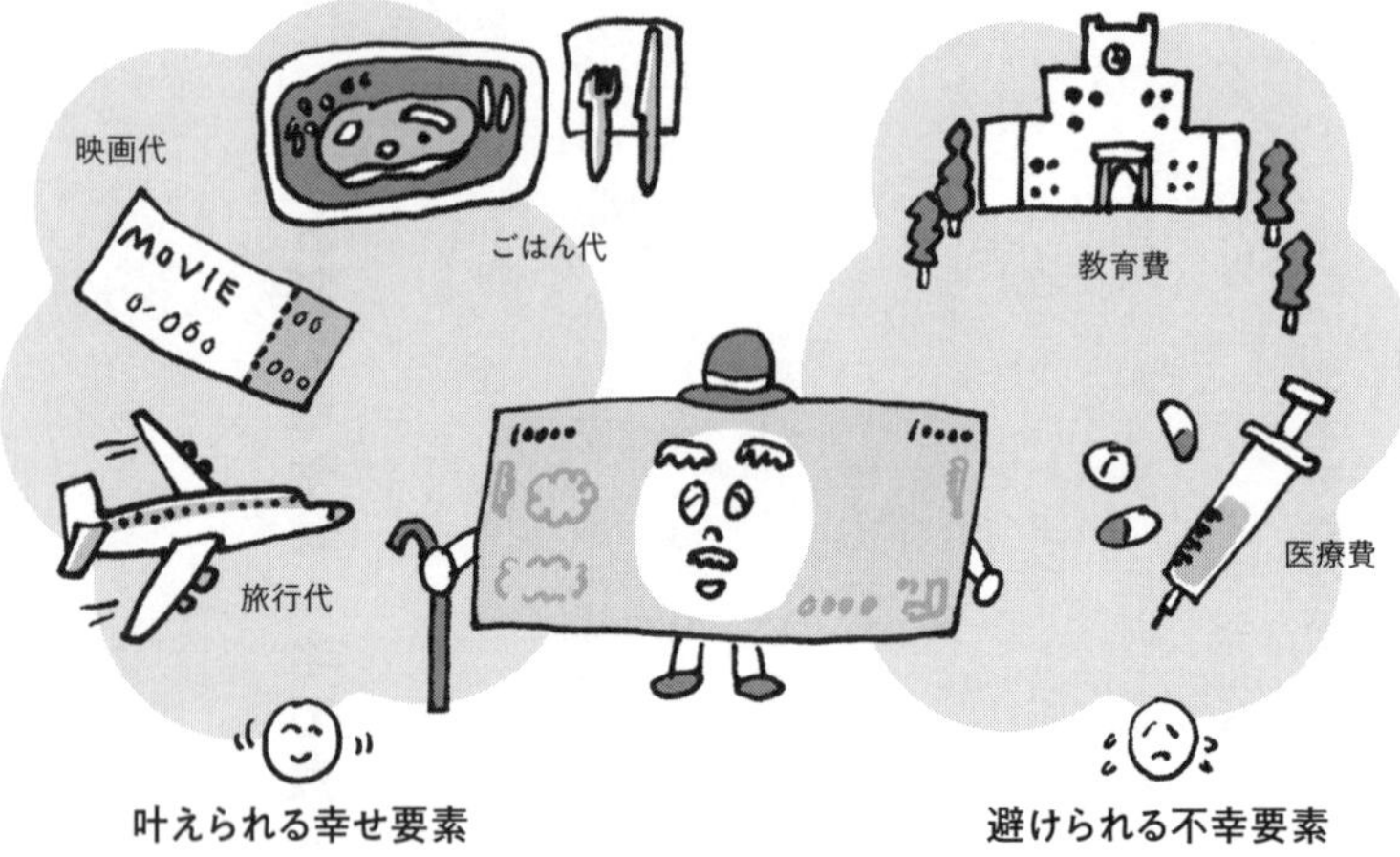

に困っている人の特徴じゃな……。でも考えてみぃ。お前さんはどんなときに幸せを感じるかな？　たとえば喜びを感じる趣味は何じゃ？

ボク　ええと、おいしいものを食べたり、旅行したり、あとは読書、映画鑑賞なんかも好きですけど……あ！

金じぃ　わははは。気がついたようじゃな。おいしいものを食べるのも、旅行も、本を読むのも映画を観るのも、すべてカネがあるからできることじゃ。
それだけではないぞ。カネがあれば、たとえば大切な人が困っているときに助けることもできる。将来、子どもができたら、その子の望む道を歩ませられるかどうかも、多分にカネ次第じゃ。**もちろん、カネがすべてとは言わん。だが、カネがあれば、多くの幸せは叶えられるし、多くの不幸は避けられるんじゃ。**

ボク　そりゃまあ、たしかに、そうですよね……。

金じぃ　言われてみれば当たり前、という顔をしておるな。**その当たり前を、まず、どれくらい自覚してワシらと付き合うか。これが重要な出発点じゃ。**

おとぎ話の中では、魔法の杖を振れば願いが叶う。だが現実の世界では、願いを叶えてくれるのは呪文《じゅもん》ではない、カネこそが魔法の杖なんじゃ。どうかな？

ボク　おカネは魔法の杖……か。うん、そう思うと改めて、もっとおカネと仲よくなりたいって思えてきました。もっと教えてください！

ボクの学びメモ ①

- □ **おカネは、8割の幸せを叶え、9割の不幸を避けてくれる「魔法の杖」。**
- □ **おカネがなければ、自分が楽しみとしていることの、ほとんどが不可能になる。**

昔々、ワシらが存在しないころ……

「感謝と豊かさの循環」を生んだもの

金じぃ　よし、ではもう少しワシらのことを教えていこう。ここらで、ちょいと昔話でも聞いてもらおうかの。ずーっと昔、ワシらが存在する前の話じゃ。カネが生まれる前、人々はモノとモノを交換していたんじゃ。

ボク　物々交換ってやつですよね？　知ってますけど……、それが何か？

金じぃ　ほう？　本当にわかっておるかのう。なら、ちょっと説明してみぃ。

ボク　物々交換とは、たとえばボクが漁師だったら、釣《つ》った魚を、農家の人の野菜と交換するとか……じゃないんですか？

金じぃ　ふむ、まあ間違ってはいないが、ぜんぜん理解が足りておらんな。**物々交換で一番重要なのは、それによって「感謝と豊かさの循環《じゅんかん》」が始まったことなんじゃ。**
さらに貨幣《かへい》――つまりワシらのことじゃが――が生まれたことで、その感謝と豊かさの循環が、さらに大きく広がるようになった。この点を理解せんことには、物々交換の話を出した甲斐《かい》がないというものじゃ。

ボク 「感謝と豊かさの循環」ですか、うーん、なんだかすごい話になってきちゃいましたね……。

金じぃ これから豊かになっていきたいのなら、ものすごく大事な点じゃよ。では、話を続けるぞ。

「インチキをした漁師」には、何が起こる？

金じぃ たとえば、お前さんはキノコをとる木こりだったとする。ある日、隣《となり》の村から漁師が訪ねてきて、「魚あるけど、キノコと交換しない？」と持ちかけてきた。そこでお前さんが「おお、ちょうど魚が欲しかったんだ」となれば取引成立じゃ。

ボク ですよね。さっきボクが言ったとおり。

金じぃ うむ。だが、大事なのはこれからじゃ。たとえば、その漁師が悪いヤツで、石ころを腹に詰《つ》めた魚をもってお前さんを訪ね、同じ重さのキノコと物々交換したとする。さて、どうなるかな？

ボク 石ころで重さを水増ししたってことは、すぐにわかるわけだから、当然、怒りますよね。「騙《だま》された！」って。

金じぃ うむ。で、そんなインチキをする漁師のことを、どう思うかのう？

ボク 「あんなヤツとは、もう二度と取引しない！」って思います。ご近所さんが同じように騙されたら嫌だから、村中に「あの漁師とは取引しちゃダメだよ」って言いふらすかも……。

金じぃ そうじゃな。石ころを詰めた魚をもってくるような漁師とは、誰だって取引したくない。お前さんの被害が村中に知れ渡れば、その漁師は、お前さんが住む村では取引できなくなるじゃろう。

言い換えれば、人を騙して苦しめたり、悲しませたりする人は、「信用されない」、そして「信用されない人は、結果的に損をする」ということじゃ。

ボク なるほど……。

取引でトクをするのは、どんな人？

金じぃ では、今度は逆を考えてみようかの。ある漁師が、「せっかく釣った魚だから、できるだけおいしく食べてほしい」と思って、魚の鮮度を保つ技術を独自に開発したとしよう。そして新鮮な魚をもって木こりのお前さんを訪ね、キノコと物々交換した。さて、お前さんはどう思うかな？　もう一度いうが、キノコと引き換えに得たのは、それまでに食べたことがないくらい、新鮮でうまい魚じゃぞ。

ボク そりゃあ感動しますよね。「また、あの漁師さんと取引したい」って思うだろうし、「あの漁師さんの魚、すごくおいしいよ」って周りにも伝えます。

金じぃ そうじゃな。さらには、もしお前さんが、もう少し気が利《き》く木こりじゃったら、どうじゃろう。次の取引では、より新鮮なキノコを選んであげたり、ちょっとおまけをつけて取引するんでないかな？

ボク すみませんね、気が利かなくて……！　でもたしかに、そうですね。

金じぃ　つまり、こういうことじゃ。新鮮な魚をもってくる漁師とは、誰もが取引したい。お前さんがうまい魚を食べたことが知れ渡れば、村の誰もが、その漁師と取引したがるじゃろう。なぜなら「あの漁師さんは、うまい魚をもってきてくれる」から――これを言い換えると、なんじゃろう？　この漁師は村人たちから……。

ボク　信用されている！

金じぃ　そのとおりじゃ！　そして信用と感謝はセットになっておる。「おいしい魚をもってきてくれて、ありがとう」とな。そんな感謝の気持ちがあるからこそ、その漁師と物々交換する人は、漁師にとってよりよい条件で取引するようになるんじゃ。木こりはキノコをおまけする、狩人《かりうど》は肉をおまけする、という具合じゃな。

ボク　ああ、なるほど。なんかわかってきたかも……？　**信用され、感謝された人は、結局、トクをするんですね？**

金じぃ　おお、ようやく、わかってきたようじゃな。

取引は「1対1の交換」ではない！

金じぃ ここで、さっきの話じゃ。物々交換で人から信用される人は、感謝される。そして人から感謝される人は、よりよい条件で取引できるようになる、つまりトクをする、豊かになる。これが、さっきいった物々交換の「感謝と豊かさの循環」じゃ。
しかも、漁師にとっては、自分でとれないキノコは魚以上に貴重なものじゃ。一方、木こりにとっては、自分で釣れない魚はキノコ以上に貴重じゃ。つまり双方とも「自分の収穫物より貴重なもの」を得ている、ということもできる。**物々交換は、厳密にいえば、じつは等価交換ではないんじゃよ。**

ボク 等価交換じゃないって……。1と1を交換してるんじゃないってことですか？

金じぃ **そうじゃ。自分が1を差し出したら、1以上のものを得る。これがお互いに起こるんじゃ。**

ボク 自分が1を差し出して、1以上のものを受け取るとしたら、相手はマイナスになっちゃいそうだけど……。でも、そうか、漁師にとっては、キノコが魚以上に貴重で、木こりにとっては、魚がキノコ以上に貴重だから、か！

金じぃ　うむ。立場によってモノの価値は変わるから、お互いに、自分が差し出す1以上を得るということが起こるんじゃな。**だから、お互いに信用と感謝さえベースにあれば、物々交換は、すればするほど相手も自分も豊かになるんじゃよ。**

ボク　なんだか不思議な話だけど……。物々交換って、アツいっすね。

金じぃ　うむ、そうじゃろう？　だが、話はこれで終わらんのだよ。

カネが生まれたことで、人間はより豊かになった

金じぃ　ともかく昔々、ワシらが生まれる前、人々はモノとモノを交換していた。物々交換によって「感謝と豊かさの循環」が生まれた。そのままいってもよかったんだが、ところが、一つ困ったことがあってのう……。

物々交換はモノとモノの交換じゃ。**これは、お互いに「相手がもっているモノを自**

分が欲しい」という状況でしか成立せんのじゃよ。

ボク　あ、わかった！　いくら漁師が魚とキノコを交換したくても、木こりが魚を欲しがらなければ、漁師は欲しいものを得られないんですね？

金じぃ　そういうことじゃ。互いの欲しいものがマッチせず、取引が成立しない場合がけっこうあるというのが、物々交換の限界じゃった。
そこで生まれたのが、ワシらカネじゃ。最初はきれいな貝ガラや珍《めずら》しい石じゃった。貝ガラや石ころなら腐《くさ》ったりもせんから、いつまでも価値が変わらず、人から人、人から人へとグルグルとめぐることができる。こうして、次のように一気に取引が盛《さか》んになったんじゃ。
漁師は貝ガラとキノコを交換し、キノコと引き換えに貝ガラを得た木こりは、その貝ガラと肉を交換し、肉と引き換えに貝ガラを得た狩人は、その貝ガラと魚を交換し、漁師はまた貝ガラと何かを交換する……という具合じゃ。さて、ますます盛んになったということは、どういうことか、もう、わかるかのう？

ボク　はい！　物々交換で生まれた「感謝と豊かさの循環」が、もっと大きく広がったん

おカネとは「感謝と豊かさの循環」をよくするもの

物々交換だと……
魚欲しい! キノコと交換しようよ
キノコ、今いらないんだよな……
おカネがあると……
キノコじゃなくておカネでもらうよ～
肉買わせてもらうね～
本来、おカネは悩みの種ではなく、人を豊かにするものなんじゃ

ですね。

金じぃ　そうじゃ！　**人間がより豊かになったのは、モノとモノの交換がカネとモノの交換になったから、といってもよかろう。**どうじゃ、ワシらは、お前さんの言葉を借りれば、かなり「アッツい」じゃろう？

ボク　はあ、まあ、そうですが、今の話って、おカネ持ちになる話と何か関係あります？　ぜんぜん見えないんですけど……？

金じぃ　バカもん！　大アリじゃ。**ワシらおカネは「感謝と豊かさを循環」させるものじゃと理解することが、ワシ**

らと仲よくなるのに一番重要なんじゃよ。 では「感謝と豊かさの循環」とは何か？それをちゃんと理解するためには、物々交換まで遡《さかのぼ》らなくてはいけなかったんじゃ。

ボク そ、そうなんですか。ごめんなさい……。

金じぃ なに、謝ることはないぞ。ただ、この「感謝と豊かさの循環」の話はまた出てくるから、よーく覚えておくことじゃな。

ボクの学びメモ ②

- □ かつて物々交換によって「感謝と豊かさの循環」が生まれた。
- □ 感謝される人は、取引でトクをする。
- □ 取引とは「1対1の交換」ではなく、お互いが「1以上」を得るもの。
- □ おカネが生まれたことで、感謝と豊かさの循環はもっと大きくなった。

もっとワシらに「慣れて」くれんかのう？

100万円を財布に入れて、平然と歩けるか？

金じぃ　さて、ここらで一つ、ワシらと仲良くなる秘訣《ひけつ》を教えておこうかの。あんまり理屈っぽい話が続いても、お前さんが飽《あ》きてしまうじゃろうからの……。

ボク　やった、お願いします！

金じぃ　**ワシらと仲良くなる秘訣、その一つは簡単じゃ。「慣れ」じゃよ。**

ボク　おカネに慣れるってことですか？　毎日のように触っているので、慣れてないってことはないと思うんですけど……。

金じぃ　ほう、すでにワシらに慣れていると？　それはどうじゃろうな……。**では聞くが、お前さんは100万円を財布に入れて、平然と出歩けるかな？**

ボク　え、それはムリです。「盗《と》られたらどうしよう、落としたらどうしよう」って挙動《きょどう》不審《ふしん》になっちゃいますよ。

金じぃ ほれみぃ。それはワシらにちっとも慣れていないということじゃ。こんなにソバにいるというのに、寂《さみ》しい話じゃのう……。

ボク なんか、すみません……。でも、どうしておカネに慣れることが、おカネと仲よくなる秘訣なんですか？

なぜ女の子慣れしていない男子は、モテないのか

金じぃ ふむ……。ところでお前さん、学校は男女共学だったかの？

ボク いえ、高校まで男子校でしたけど……？

金じぃ そうかそうか。男子校育ちだと、どうじゃ？ 女の子との交流は……？

ボク 交流も何も、接する機会がほとんどありませんでしたよ！

金じぃ そうじゃろうな。で、接する機会がなくて、女の子慣れしていない。慣れていないから、いざ目の前にしても、どう接したらいいかわからない……そうではなかったかな？ おそらく彼女も、なかなかできなかったんじゃろ？

ボク　そのとおりですけど、何なんですか？

金じぃ　わはは。そう怒るでない。女の子慣れしていないと、彼女ができにくい。それは、いざ目の前に女の子がいると、慣れていない男子は過度に恐れたり緊張したり、前のめりになったりしてしまうからじゃ。女の子は、そういう雰囲気を察知して、「なんか居心地が悪い」「ちょっと恐い」と引いてしまうんじゃな。それは、ワシらも同じなんじゃよ。**ワシらおカネに慣れていない人は、ワシらを扱うときに緊張したり、やたらと目を血走らせて追いかけようとしたりする。正直、そういう人には、あまり近寄りたくないんじゃ……。**

ボク　そういえば、同じ男子校育ちでも、妙に女の子慣れしているヤツもいたな、そういうヤツほど女の子にモテてたっけ……。

金じぃ　そうじゃろ？　女の子慣れしてるヤツは、女の子にモテる。同じように、ワシらに慣れている人は、ワシらにモテるんじゃ。ということは、ワシらにモテたいのなら……？

ボク　まず「慣れ」が必要だと？

金じぃ そういうことじゃ！

「落としたら3カ月間、落ち込む額」を持ち歩く

金じぃ ワシらを好いてくれるのは、うれしいんだが、それはギラギラと追い求めてほしいということではない。むしろ追いかけられると、逃げたくなるんじゃよ。一方で100万円くらい平然と持ち歩ける人は、ワシらを扱い慣れておる。そういう人のところのほうが、安心して近づけるんじゃ。

ボク うーん、そういわれても、100万円を平然と持ち歩くなんて、やっぱり無理ですよ……？

金じぃ 100万円というのは、単なるたとえじゃ。**目安は「もし落としたら3カ月くらい落ち込み続ける額」じゃな。**ちなみにお前さん、普段はどれくらい財布に入っているかの？

ボク 1万～2万円くらいです。

金じぃ　それを落としても、3カ月は落ち込まんじゃろ？

ボク　1万～2万円を落としたら……まあ、かなりヘコむでしょうけど、さすがに3カ月は引きずらないかなあ。

金じぃ　じゃあ、月収と同じ額を落としたら、どうじゃ？

ボク　月収と同じ額！　それを落としたら、間違いなく3カ月は引きずりますね……。

金じぃ　よし、なら決まりじゃ。財布に月収と同じ額を入れて持ち歩いてみぃ。

ボク　え！　そんなの恐すぎます……。1日とかでもいいですか？

金じぃ　何をいうておる？　最初に話したことを忘れちゃいかん。ワシらと仲よくなるには、もっとワシらに慣れること。**その額が財布に入っているのは何てことないというくらい、当たり前のようになるまで、持ち歩くんじゃ。**

ボク　それが慣れるってことなんですね……。

大金を落としても大丈夫！　その理由

金じぃ そうじゃ。ここで一つ断っておくが、万が一、なくしても責任はもてんぞ。だが安心せい、ワシらを失ってもお前さんは大丈夫なんじゃ。

ボク ええ、そんな無責任な……！　そんな大金をなくしたら、大丈夫なわけないじゃないですか！

金じぃ まあまあ、大丈夫というたら大丈夫なんじゃ。

ボク なんで、そう言い切れるんですか？

金じぃ 簡単なことじゃよ。なくしても、また稼げばいいからじゃ！

ボク ……。

金じぃ やっぱり、今のお前さんにはわからんじゃろうなあ……。だが、よいか、騙されたと思って月収と同じ額だけ持ち歩いてみい。**それでワシらに慣れてくれば、「もし、これをなくしても、また稼げばいいから、いいや」と気楽になれるぞ。「そう思えるようになること」、それが大事なんじゃ。**

ボク それって、ただのノーテンキじゃないですか？　無鉄砲すぎて、ますますおカネがなくなりそうな気がしますけど……？

金じぃ　そんなことはない。むしろ逆じゃ。その理由を、今から説明するぞ。ポイントは、**「ワシらはつねに流れている」**ということじゃ。

ボクの学びメモ③

□「女子慣れしている男子」は女子にモテる。「おカネ慣れしている人」は、おカネにモテる。

□おカネが好きだからといって、ギラギラと追いかけてはいけない。

□大金を「なんてことない」と思えるようになるまで持ち歩く（額の目安は「落としたら3カ月間、落ち込む額」）。

ワシらは「つねに流れている」んじゃ

ぬいぐるみを「通貨」としたワーク

金じぃ　お前さんは、不景気と好景気がどうやって起こるか、わかるかの？

ボク　げ、いきなり経済の話ですか……。えーっと、需要《じゅよう》と供給のバランスで物価が下がると不景気になるとか習った気がしますけど、正直、よくわかってません……。

金じぃ　わはは。すまん、すまん。そういう話も重要じゃが、**ここでは「人の感情」から考えてみたいんじゃ。景気は多分に人の感情に左右されるものじゃからのう。**

ボク　人の感情、ですか……？

金じぃ　そうじゃ。好景気というのは、単純にいえば、みんながたくさんワシらをもっているという状況じゃ。それは、ワシらがどれだけ盛んに世の中で流れているか、という現われでもある。

ボク　おカネの流れが盛んだと好景気で、おカネの流れが滞《とどこお》ると不景気になる？

金じぃ　そういうことじゃ。ではここで問題。ワシらの流れは、どういうときに盛んになって、どういうときに滞ると思うかの？

ボク　どういうときって……、どういうこと？

金じぃ　まあ、急に聞かれて、答えられなくても仕方あるまい。好景気と不景気はどういうときに起こるか——これを、じつにうまく説明した例があるぞ。あれは、ある企業の営業セミナーでのことじゃった……。

ボク　え？　金じぃが企業のセミナーに？

金じぃ　ちがうわい。ワシらの仲間が、ちょっと面白いワークに使われておってな。それをワシは上から見ていたんじゃ。

そのワークでは何人かが輪になって座っておった。参加者はクマのぬいぐるみを渡され、**「このグループの中では、このクマのぬいぐるみが通貨です。隣の人が自分に何かをしてくれたら、『ありがとう』と言って、ぬいぐるみを渡しましょう」**と言われたんじゃ。

すると、みんな、当惑《とうわく》しながらも「ありがとう」と口々に言いながら、ぬいぐるみを回していった。やっているうちに、だんだん楽しくなってきたんじゃろうな、グルグル、グルグルと、ぬいぐるみを渡すスピードは、どんどん加速していった。

ボク　ふーん。意味はわかりませんが、楽しそうですね。

誰が経済を回しているのか？

金じぃ　ところが、次に参加者は、こう告げられるんじゃ。「じつは、みなさんにお伝えしていなかったことがあります。ぬいぐるみの背中のジッパーを開けてみてくださ い」とな。

参加者がジッパーを開けてみると、なんと中にはワシらの仲間がたくさん——ざっと数えて、1000万円ほどが入っていたんじゃ。参加者がびっくりしたところで、「では、ジッパーを閉じて、同じようにワークを続けてください」と言われたんじゃが、一つ変化が起こった。

ボク　うーん、ボクだったら、1000万円も入ってるってわかった時点で、ビビっちゃいますね。なんだかビミョーな空気が流れそう……。

金じぃ うむ。グループでも同じ心理が働いた。何しろ、ただのぬいぐるみだと思っていたものが、じつは1000万円だとわかったんじゃからな。ぬいぐるみを回すスピードがガクンと落ちた。それでも続けるうちに、またスピードが上がっていった。なぜだか、わかるかの？

ボク あ、回しているうちに、1000万円に慣れてきたから……？

金じぃ そのとおりじゃ！　慣れてしまえば、どんどん回せるようになる。**つまり、ワシらに慣れている人が多ければ多いほど、ワシらは盛んに流れることができる＝好景気になるということじゃ。**

ボク え、ちょっと待ってください。好景気っておカネ慣れしている人が多い状態、ってことなんですか？

金じぃ そうじゃ！　ワシらに慣れていない人は、自分のところに流れてきたカネを外に出すまいとする。**ワシらの流れをせき止めてしまうんじゃ。これが不景気の始まりじゃな。**

金じぃ　でも、おカネに慣れている人は、どんどんワシらを流してくれる。**そしてどんどん流せば流すほど、じつは、どんどん入ってくるんじゃよ。**クマのぬいぐるみを人に渡せば渡すほど、自分に回ってくる回数も増えたようにな。これが好景気じゃ。

ボク　回ってくる回数が増えることが大事……つまり、慣れが大事なんですね。

金じぃ　うむ。じゃが、このワークには、まだ先があるぞ。

不景気を好景気に変えるもの

金じぃ　また調子よくぬいぐるみを回し始めたところで、グループは「働いている企業の業績が急上昇して、みなさんのボーナスが倍になりました！」と告げられる。すると、ぬいぐるみが回るスピードは、ますます加速した。

ボク　そりゃそうでしょう。おカネがたくさんあれば、財布のヒモはユルくなりますからね。

金じぃ　そうじゃな。ところが、今度はこう告げられるんじゃ。「その後、業績が急激に悪化して、次のボーナスは出ないかもしれません。それどころか減給になる可能性も出てきてしまいました」——すると……？

ボク 1000万円が入ったぬいぐるみなら、手元に置いておきたくなる……。

金じぃ うむ。グループの中でも、ぬいぐるみが回るスピードはガクンと落ちてしもうた。**人々の財布のヒモが固くなれば、当然、ワシらの流れは一気に悪くなる。こうして起こるのが、不景気じゃ。**

ボク でも、それは仕方ないですよね？　ボーナスが出ないかもしれない、減給になるかもしれないっていわれたら、なるべくおカネを使わないでおこうって思って当然ですから……。それで不景気になるっていわれたって、そんなの自分のせいじゃないじゃんって思いますよ？

金じぃ ふうむ……。はたして本当にそうかのう？　じつは、このワークには、まだ続きがあるんじゃ。ぬいぐるみが回るスピードが落ちたところで、最後に、こういわれるんじゃよ。

「業績をV字回復させるために、自分にできることを考えて発表してください。ほかのメンバーは、必ず『それ最高！』というように。その中で、ぬいぐるみを回してください」――となｃ。

ボク へえ……すると、どうなったんですか？

金じぃ 一人が発表する、周りが「それ最高！」という、また別の一人が発表する、周りが「それ最高！」という……その中で、ぬいぐるみの流れは、またグルグル、グルグルと加速したんじゃ。なぜそんなことが起こるのか、自分がその場にいると思って、想像してみぃ。

ボク 自分がアイデアを発表したら「最高！」っていわれて、ほかの誰かがアイデアを発表したら自分が「最高！」っていって……。なんだか、よくわからないんですけど、胸アツになってくるような……？

金じぃ うむ。で、みんながそういう気持ちになると、ぬいぐるみはどうなるかの？

ボク なんか、グループ内の雰囲気がよくなって、どんどん回したくなる！

金じぃ わはは。素直で非常にけっこうじゃな。

「自分には何かができる」と信じること

金じぃ　今、お前さんに起こったのは、要するに、こういうことじゃ。**「何かができる」と自分で信じ、人からも信じられると、喜びのエネルギーが生まれる。それが、ワシらを流すエネルギーになるんじゃよ。**

ボク　「何かができる」という思いが、経済を動かすということ……？

金じぃ　そうじゃ！　つまり、すべて気持ち次第なんじゃ。よいか、ワシらはつねに流れておる。その流れを加速させるか、滞らせるかは、人の気持ちに左右されるんじゃ。そして、**流れを加速させる気持ちをもっている人こそが、ワシらと、より仲よくなれるんじゃよ。**

ボク　流れを加速させる気持ち……？

金じぃ　何も難しく考えんでも、今まで話してきたことのおさらいじゃよ。**ワシらに慣れること、「自分には何かができる」と信じて行動すること、そしてワシらは流れてい**

おカネ慣れするほど、おカネは入ってくる

回したく
ないな～
戻ってこない
かも…
自分のところ
に留めたい～
みんなが
おカネを回す
スピードが落ちると
自分にも回って
こなくなる
うわ、もう
戻ってきた♪
また
会おうね～!
みんなが
おカネに慣れて
回し出すと、
自分にもおカネが
流れ込んでくる
自分を信じておカネを流す人のもとには、
またおカネが流れ込むようにできてるんじゃ

るのだから失ってもまた戻ってくると信じられること――。

そういう気持ちが、ワシらを盛んに流し、そして盛んに呼び戻すエネルギーになるということじゃ。前に「大金をなくしても大丈夫」といったのも、そういうわけじゃ。もう、わかるじゃろう？

おカネはつねに流れているのだから、流れ出ることもあれば、流れ込んでくることもある。そう信じることが大事ということ

ボク

……？

金じい　そうじゃ。そして、その気持ちを支えるのが、「自分には何かできる」と信じることなんじゃ。今はまだ、よくわからないかもしれん。だが、このことは、よくよく覚えておくとよいぞ。

ボクの学びメモ ④

□ おカネ慣れしている人は、おカネの流れを加速させる。おカネ慣れしていない人は、おカネの流れを滞らせる。

□ おカネと仲よくなるには「おカネはつねに流れているから、出ていっても、また入ってくる」と信じること。そのためには「自分には何かができる」と信じること。

CHAPTER. 2

おカネは「使えば使うほどなくなるもの」……ではない？

よいか？「使い方」と「受け取り方」は表裏一体じゃ

「自己投影」が、カネの出入りを左右する

金じぃ　さて、これから次のステップに進むとしよう。まず一つ聞きたいんじゃが、カネを使うこと、カネを受け取ること。お前さんは、ひょっとして、この二つを正反対のことだと思ってはおらんかのう？

ボク　使うと受け取る……はい、正反対ですよね？　使うというのはおカネが出ていくこと、受け取るというのはおカネが入ってくること、ですから。

金じぃ　まあ、たしかにそうなんじゃが……。どうりでお前さんは、おカネに恵まれていないわけじゃ。その程度の理解では、ワシらは正直、お前さんのところに行きたいとは思えんのじゃよ。

ボク　そんなのヒドすぎます！　じゃあ、どうしたらいいんですか？

金じぃ　大丈夫じゃ。知らないことは罪ではない。これから知っていけばいいだけじゃ。で

は始めるぞ。**まず知ってほしいのは、カネを「どう使うか」と、カネを「どう受け取るか」――つまりカネの使い方と受け取り方は、じつは表裏一体《ひょうりいったい》になっているということなんじゃ。**

ボク 正反対ではなく、二つセットっていうことですか？

金じぃ うむ。なぜなら、世の中は、すべからく**「投影」**で成り立っているからじゃ。投影の意味は、わかるかのう？

ボク 投影、とうえい、トウエイ……？

金じぃ わはは。「投影」とは、**簡単にいえば、「他者は自分と同じような気持ちで、同じようなことをしているだろう」と思うことじゃ。**「自分が苦しいと感じることは、他者も苦しいと感じるだろう、自分がうれしいと感じることは、他者もうれしいと感じるだろう」と、誰もが無意識のうちに思っている。それを自己投影というんじゃ。

「苦しみ」とともに使うか？　「喜び」とともに使うか？

ボク　なるほど……。言われてみればわかる気もします。でも、それがおカネと何の関係があるんですか？

金じぃ　たとえば、お前さんが、喜んでカネを使うとする。お前さんにとって、カネを使うのは、めちゃくちゃうれしいことじゃ。そこで自己投影が作用したら、どうなるかのう？

ボク　ボクにとっておカネを使うのがうれしいことだとしたら？　うーん、あんまりそういうふうに思ったことがないので、想像つきませんけど……。

金じぃ　いいから想像してみぃ。お前さんは「うれしいなあ、楽しいなあ」と思ってカネを使っている。**そこに自己投影が作用したら、周りの人も、「うれしいなあ、楽しいなあ」という気持ちでおカネを使っているんだろうな、と思うはずじゃろう？**

ボク　たしかに……。その論理に沿って考えるとそうなりますね。

金じぃ そして人が使うカネの一部は、お前さんのところに入ってくるカネじゃ。お前さんの給料は会社から支払われるが、それは、世の中の誰かがお前さんの会社に払ったカネだからのう。

ボク はい、そうですね。ええと、すみません、話が見えないんですけど。で……？

金じぃ そう急《せ》かすでない。よいか、お前さんは喜びとともにカネを使っている。だから「周りの人もみんな、喜びとともにカネを使っているんだろう」と思っている。だとすると、どうじゃ？ お前さんのところに入ってくるカネは……？

ボク 誰かが、喜びとともに使ったカネだと……？

金じぃ そうじゃ、そう思えるということじゃ！ どうじゃ、ワシがいいたいこと、わかってくれたかのう？

つまり、こういうことじゃ。**喜びとともにカネを使う人は、自分が受け取るカネも、喜びとともに使われたものだと信じることができる。逆もまたしかりで、苦しみとともにカネを使う人は、自分が受け取るカネも、苦しみとともに使われたものだと信じてしまう。**さて、どちらのほうが、ワシらを気持ちよく受け取ることができる

喜びながらおカネを使う人は、たくさんのおカネを受け取れる

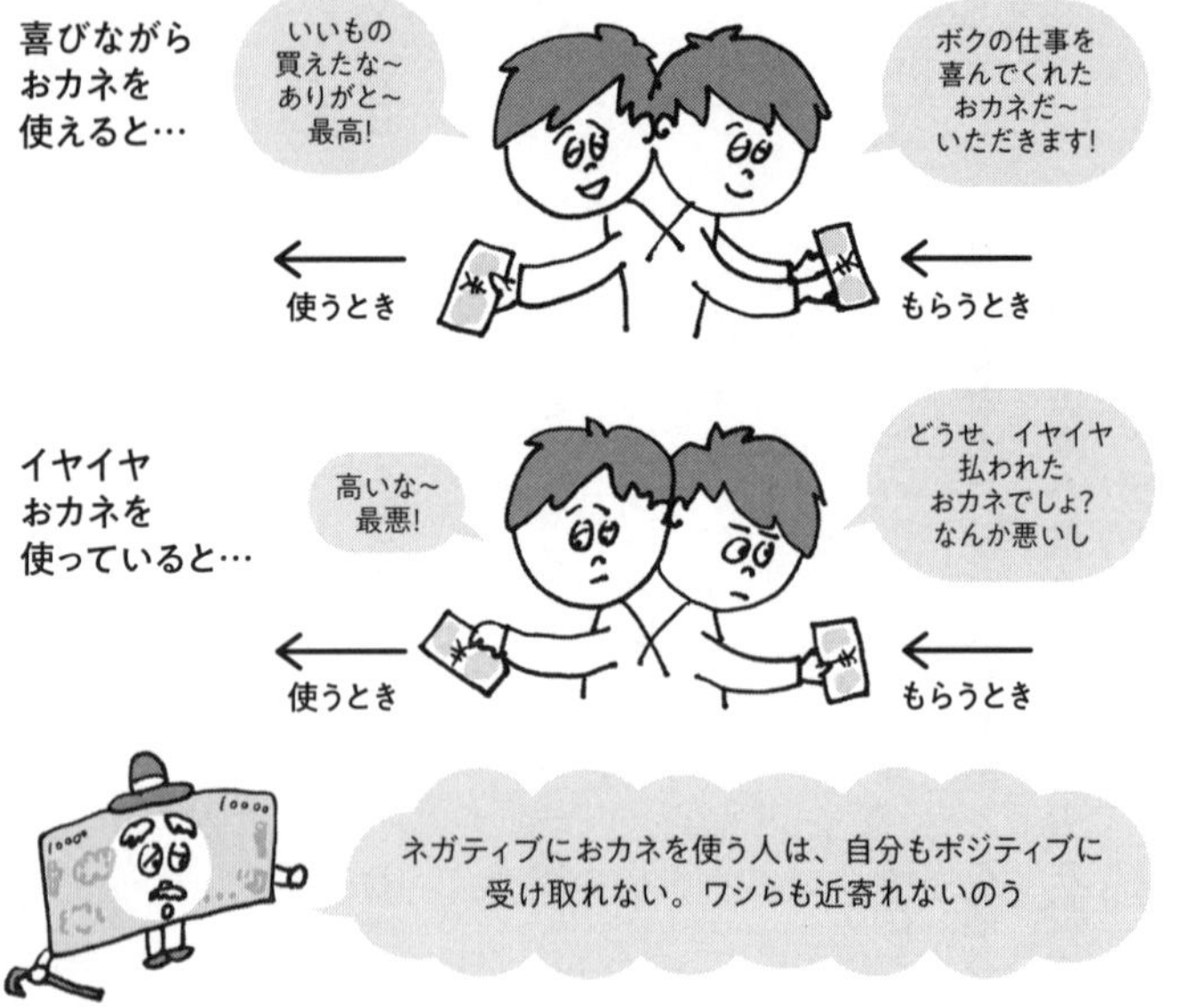
喜びながら
おカネを
使えると…
いいもの
買えたな～
ありがと～
最高!
ボクの仕事を
喜んでくれた
おカネだ～
いただきます!
使うとき
もらうとき
イヤイヤ
おカネを
使っていると…
高いな～
最悪!
どうせ、イヤイヤ
払われた
おカネでしょ?
なんか悪いし
使うとき
もらうとき
ネガティブにおカネを使う人は、自分もポジティブに
受け取れない。ワシらも近寄れないのう

かの?

ボク　そりゃあ、喜びのほうですよ。誰かが苦しんで払ったおカネだと思ったら、申し訳なくなっちゃいますから。

金じい　じゃろう?　**喜びとともにおカネを使う人は、自分がカネを受け取ることにまったく抵抗がない。抵抗がないどころか、「このカネは誰かが喜んで使ったものだ」と信じられるから、喜んで受け取ることができるんじゃ。**ワシが「使い方と受け取り方は表裏一体」といったのは、そういうことなんじゃよ。

そして、もうわかると思うが、ワシ

らだって、喜んで受け取ってくれる人のところに行きたいんじゃ。お前さんたち人間もそうじゃろ？　ウェルカムな人と、ノットウェルカムな人、どちらと仲よくなりたいかといったら、ウェルカムな人に決まっておる。ワシらも同じなんじゃ。

ボク　**ということは、喜んでおカネを使う人ほど、より多く、おカネを受け取れるっていうことですか？**

金じぃ　そういうことじゃ！

ボク　じゃあ、おカネを使うたびにブックサいってたボクって……。

金じぃ　自分からワシらを遠ざけていた、ということじゃ。

ボク　そうなのか……。でも、そうはいっても、いきなりおカネを使うたびに「うれしいなあ、楽しいなあ」なんて思えませんよ？　だって、おカネが出ていってしまうんですから……。

金じぃ　うむ、そこは、ある程度、訓練が必要じゃ。どうじゃ、やってみるかの？

ボク　お願いします！

ボクの学びメモ ⑤

□ 人は、自分が感じるのと同じように他人も感じている、と思っている。

□ おカネを喜んで使っている人は、おカネを受け取るときに「これは誰かが喜んで使ったおカネだ」と思える。すると、おカネを受け取ることにオッケーが出る。そして実際におカネが入ってきやすくなる！

「カネの流れ」を想像してみるんじゃ

そのカネは、どこから来て、どこへ行くのか

金じぃ　少し前からワシはお前さんを見ておったが、カネが財布から出ていくときに、お前さんは不満気にブツクサいうことが多いのう。

ボク　え、そんなに文句いってました？　恥ずかしい……。

金じぃ　文句をいったり、不満気だったり、悲しい顔になったり、さまざまだが、総じてネガティブな反応が多い。それはのう、お前さんには、あることが見えていないからなんじゃ。

ボク　あることが見えていない……何ですか？

金じぃ　今ならもう、わかるはずだから、単刀直入にいうぞ。**お前さんが今まで見えていなかったこと——それは、「カネの流れ」じゃ。**

前に、つねにカネは流れている、という話をしたな？　その理屈がわかったところ

で、これからやってみてほしいのは、カネの流れを想像してみることなんじゃよ。**今、お前さんの手元にあるカネは、いったいどこからやってきたのかのう？　そしてどこへ行くのかのう？**

ボク　手元にあるおカネは、会社から振り込まれたものです。そのおカネは、家賃を払ったら大家さん、スーパーで食料品を買ったらスーパーに行くわけですけど……そういう話でもないのかな……？

金じぃ　まだまだ視野が狭《せま》い、狭い！　もっと長〜い流れを想像してみぃ。手元のカネは会社から振り込まれたというが、じゃあ、そのカネは、どこから会社にやってきたんじゃ？

ボク　あ、そっか。給料は会社から振り込まれるけど、それは、うちの会社のお客さんたちが払ってくれたおカネだ。じゃあ、そのおカネは、どこからやってきたんだろう？　うちのお客さんのお客さんが払ったおカネだよな。で、お客さんのお客さんが払ったおカネは、お客さんのお客さんのお客さんが払ったもので……って、キリがありませんよ！

金じぃ そうじゃな。じゃあ、お前さんが家賃や食料品代として払ったカネは、大家さんやスーパーのあと、どこへ行くんじゃ？

ボク 大家さんに払った家賃は、大家さんの生活費になりますよね。ボクと同じように食料品を買ったり、お子さんの学費になったりもするんだろうな。その学費は学校に入ったあと、先生たちの給料になって、それを先生たちは生活費として使う。そして、そこからさらに、あちこちへと流れていく。
あと、ボクがスーパーに払った食料品代は、その食料の生産者さんに行くし、スーパーのパートさんのお給料にもなるよな。で、生産者さんもパートさんも、そのおカネを生活費として使い、そこからさらに、あちこちへと流れていく……って、やっぱりキリがない！
みんながみんな、誰かからおカネを受け取って、誰かにおカネを払っているから、追い切れません。それに全部ボクの想像だから、本当かどうかもわからないし……。

金じぃ ほっほっほ。それでいいんじゃ。

ボク ……？

誰もがカネを通じて誰かを喜ばせている

金じぃ カネがどこから来て、どこへ行くのか、本当のことなど、どうでもよかろう。とかく世の中には膨大《ぼうだい》な数の人間がいて、カネは、その間を絶えず流れている。そして、その流れは、決して途切れることがない。そこに気づいてほしかったんじゃ。よいか？　お前さんは給料が入ったらうれしいじゃろう？　そのカネは、どこかの誰かが流してくれたカネじゃ。そしてお前さんが支払ったカネは、もれなく誰かの給料になる。**つまり、お前さんは、カネを流すことで、見知らぬ誰かを喜ばせているということじゃ。**わかるかの？

ボク 誰かが流してくれたおカネで自分が喜び、自分が流すおカネで誰かを喜ばせている、ということか……。

金じぃ そうじゃ！　そして重要なのは、さっきもいったように、その流れは決して途切れない、ということなんじゃよ。カネを介《かい》して、世の中のみなが誰かに喜ばせてもら

あなたが使ったおカネは、確実に誰かを喜ばせている

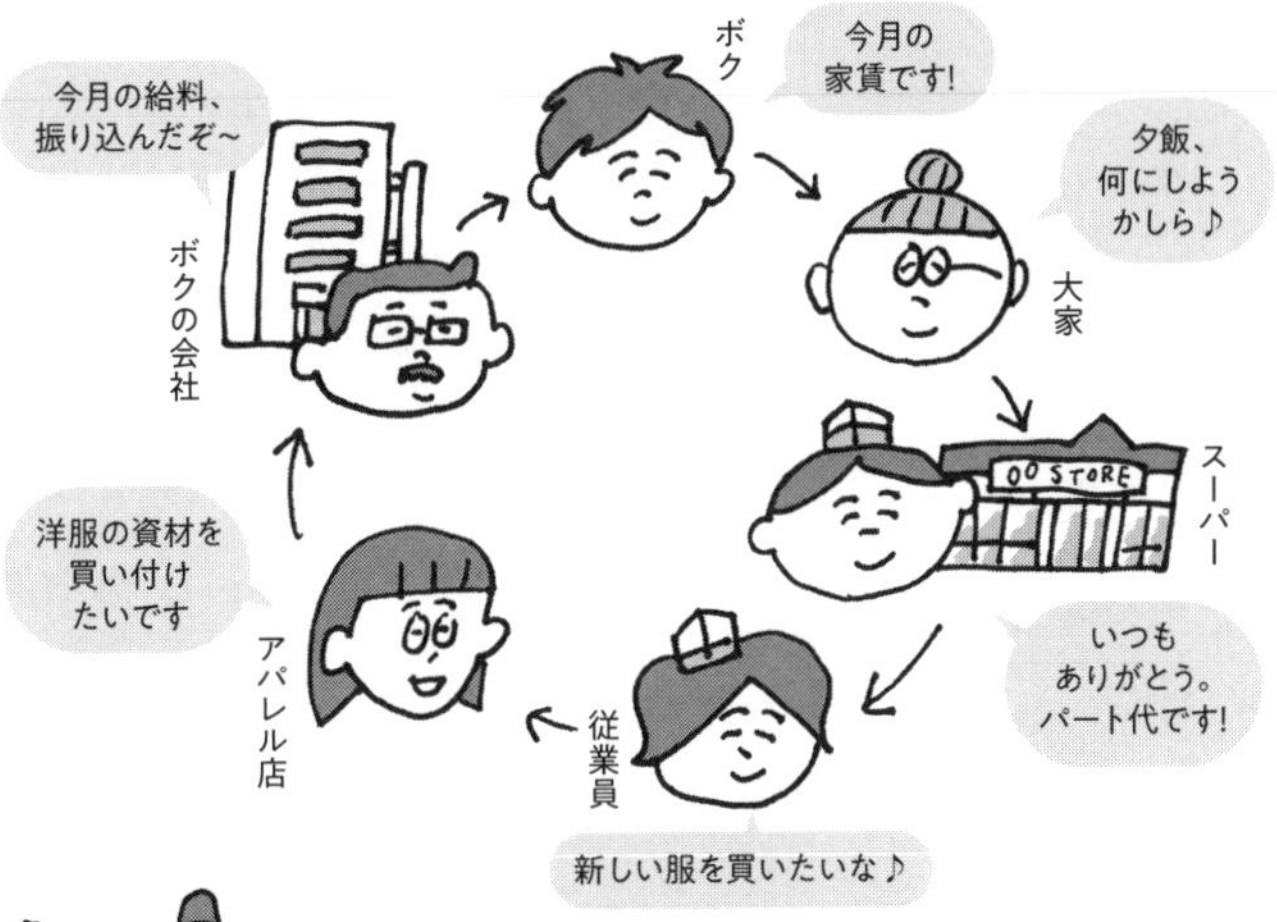
ボク
今月の家賃です!
夕飯、何にしようかしら♪
大家
OO STORE
スーパー
いつもありがとう。パート代です!
従業員
新しい服を買いたいな♪
アパレル店
洋服の資材を買い付けたいです
ボクの会社
今月の給料、振り込んだぞ~

こんな想像をしながら、おカネと向き合うとポジティブに使えるじゃろう?

い、誰かを喜ばせている。この流れは永遠に――おそらく、この世が終わらない限り続くんじゃ。どうかのう?

ボク うわあ、世界って、なんて喜びに満ちているんだろう!

金じぃ ほう! つくづくと素直なのはお前さんのよいところじゃのう。親に感謝せい。まあ、それは置いておいて、さらに重要なのは、ここからじゃ。

これで「カネを失う恐怖」が消える

金じぃ ワシらは、つねに人から人へと流れておる。お前さんも、その途切れのない流れの中にいるんじゃよ。そう考えてみると、どうじゃろう、カネを使うときの気持ちが少し変わる気がせんかのう……？

ボク はい、ブックサいいたい気持ちが、ウソみたいに消えちゃいました。だって、ボクはおカネを使うことで、もれなく誰かを喜ばせているんだもの！

金じぃ ふむ、よろしい。じゃが、もう少し強く感じてみい。カネの流れは決して途切れることがない。その流れの中に、お前さんもいるのじゃと……。さて、どうかの？

ボク あ、なんかちょっと安心できるっていうか……。

金じぃ カネが財布から出ていっても、また入ってくるだろう……と？

ボク そうです、そんな感じです！ **おカネの流れは途切れず、ボクもその流れの中にいるってことは、おカネを使っても、またどこかから流れてくるんだろうな～って思**

えてきました！ 実際、来月にはまた給料が入るわけだし……。

金じぃ　給料だけとは限らんぞ！

ボク　え？　そうなんですか？

金じぃ　カネの流れを想像できると、たった今、お前さんがいったように、安心してカネを使えるようになるんじゃ。

なぜなら、「カネを使う」＝「カネがなくなる」ではなく「カネを流す」であり、そして「流したものは、また流れてくる」と信じられるからじゃ。言い換えれば、カネを失うという恐怖心がなくなるから、「できるだけカネをとどめておきたい」という発想がなくなるんじゃやな。

ボク　ははあ、なるほど！　**今、自分の手元にあるおカネは、いずれ誰かの元へと去っていくけれど、それと同時に、今、誰かの手元にあるおカネは、いずれ自分の元にやってくる、**ということですね？

金じぃ　うむ。そこから、さらに大きな変化が起こっていくぞ。

そしてカネを受け入れる「器」が大きくなる

金じぃ　人にはそれぞれ、カネを受け入れる「器《うつわ》」がある。この器が大きければ大きいほど、カネが流れ込んできやすいということじゃ。

そして、この器の大きさは、どれだけ長くカネの流れを想像できるかで決まる。目の前で入ってくるカネと出ていくカネしか見えていない人は器が小さい。しかし、長〜いカネの流れが見えている人は、自然と、器が大きくなるんじゃ。

ボク　おカネの長い流れが見えていると、おカネを受け入れる器が大きくなって、よりたくさんのおカネが舞い込むようになる、と……？

金じぃ　そうじゃ！

ボク　いやあ、それはさすがに、どうなんだろう。給料以外のおカネが入ってくるようになるなんて、ぜんぜん思えませんけど……？

金じぃ　まあ、今はそれでもよかろう。だが一つだけ、いいことを教えてやろう。せっかくカネの流れが見えるようになったのだから、これからは、こう考えるようにするとよいぞ。**「世の中で絶えず流れているおカネは、もっとたくさん、自分を経由してもいいいんじゃないい？」**とな。

ボク 世の中で絶えず流れているおカネは、もっとたくさん、自分を経由してもいいんじゃない？　……って、ちょっと強欲《ごうよく》すぎませんか？

金じぃ 勘違いするでない。これは、人からカネを奪うわけでも、カネを溜め込んで流れをせき止めるわけでもない。目を血走らせてカネを追い求めるわけでもない。ただ、「どこかから流れてきては、どこかへ流れていく、こうして自分を経由するカネが、もっと増えてもいいいんじゃないかなあ」と、軽〜く思っておけばいいんじゃ。

ボク たくさん流れてきたら、たくさん流すよ〜って感じですかね？

金じぃ そうそう、その調子じゃ！　毎日、軽〜くつぶやくようにしてみい。そうすれば、もっとワシらにモテるマインドになっていくじゃろうて。

ボクの学びメモ ⑥

☐ 自分が受け取るおカネが、どこからやってきたかは、考えだしたらキリがない。自分が使ったおカネが、どこへ行くのかも、考えだしたらキリがない。

☐ つまり、自分を含む膨大な数の人間が、おカネをやりとりしている→おカネはつねに流れている。

☐ おカネを受け取ると、自分はうれしい。ということは、自分がおカネを使うと、誰かが喜ぶ。そう考えると、おカネを使うときのネガティブな感情が消える。

☐ おカネはつねに流れている。その流れの中に自分も含まれていると思えば、「おカネがなくなる恐怖」が消える。「また入ってくる」と信じられる。

☐ おカネの流れが見えれば見えるほど「おカネを受け入れる器」が大きくなる。

つまり「使えば使うほど自分がトクをする」んじゃよ

人はカネと引き換えに何を得るのか？

金じぃ ここまでワシの話を聞いてきて、どうじゃ？ すでに、カネを使うことへの不満も恐怖も消えているじゃろうが、もう一つ大事なことを話しておこう。
「おカネを使う」＝「おカネがなくなる」ではなく、「おカネを流す」、そして「流したものは、いずれまた流れ込んでくる」――！ おカネの流れが見えたことで、この法則がわかったんで、もう大丈夫ですよ！

ボク

金じぃ 待て待て、その理解だけだと、じつは、まだまだ道半《みちなか》ばなんじゃ。**ここで話しておきたいのは、お前さんはカネを使えば使うほど、トクをする、ということなんじゃ。**

ボク わかってますって！ 喜びとともにおカネを使う人のところには、より多くのおカネが流れ込んでくる、だから結果的にトクをするっていう話ですよね？

金じぃ ここで伝えたいのは、その話ではない！ よく聞くがいい。今のお前さんには、カネしか見えておらん。それでは、より多くのカネは流れ込むようには、ならんじゃろうな。

ボク そんな……。さっきといっていることが違うじゃないですか⁉

金じぃ もちろん、喜びとともにカネを使う人は、喜びとともにカネを受け取ることができる。そういう人のところに、ワシらは引き寄せられる。そのとおりじゃ。しかしな、**ここで考えてほしいのは、お前さんはカネと引き換えに何を得ているのか、**ということなんじゃよ。

ボク おカネを払って、何を得ているか……。商品やサービスですよね？

金じぃ うむ。前に、物々交換の話をしたな、覚えておるかのう？

ボク もちろん、覚えてますよ。漁師と木こりの話でした。

金じぃ そうじゃ。そこでワシが、漁師にとってのキノコの価値と、木こりにとっての魚の価値について話したことは覚えておるか？

ボク はい。物々交換は1と1の交換ではなく、お互いに1以上を差し出し、1以上を受け取っている……と。立場によってモノの価値は変わるから、そういうことが起こるんだっていう話ですよね？

金じぃ そうじゃそうじゃ。よく覚えておったな。感心じゃ。キノコをとれない漁師は、魚を差し出し、キノコを得ることでトクをする。魚を釣れない木こりは、キノコを差し出し、魚を得ることでトクをする。これと本質的には同じことが、お前さんがカネを払うときにも起こっているんじゃよ。

ボク うーん、何のことやら……？

世の中に、いっさいお店がなかったら……

金じぃ ちょっと想像力を働かせれば、これも簡単に理解できることじゃ。たとえばお前さんは、今日、何にカネを使ったかの？

ボク ええと、コンビニでお弁当を買いましたけど。

金じぃ ほう。では想像してみい。もしこの世のどこにも弁当が売っていなかったら、お前さんはどうするかね？

ボク　売ってないなら、しょうがないから食材を買って、自炊《じすい》しますよ。こう見えても、ボク、料理にはちょっと自信があるんです！

金じぃ　料理の腕前なんぞ聞いておらん。では聞くが、この世のどこにも食材が売っていなかったら、どうするかの？

ボク　食材が売っていなかったら？　この世のどこにも、ですか？　そんなの想像もつきませんけど……。

金じぃ　食材がどこにも売っていなければ、自分で何とかするしかあるまい。魚が食べたければ魚を釣り、肉が食べたければ狩りに出かけ、おまけに野菜や米を得るには田畑を耕《たがや》し、種や稲を植えなくてはならん。

ボク　そんなこと、できませんよ！

金じぃ　うむ。**しかし現実には、お前さんは、今いったことを何一つせずに済んでおるな。それはどうしてかのう？**

ボク　現実には、魚も肉も野菜も米も、お店で売っているからですよ。もっといえば、それらを調理したお弁当だってたくさんある。

金じぃ そうじゃな。では、そうやって売られているものを、お前さんが得られるのは、どうしてじゃ？

ボク それは、買えるおカネがあるからに決まってる……あ！

「欲しいものをカネで買える」ありがたみ！

金じぃ ようやく気づいてきたかのう？　そうじゃ、お前さんが魚を釣ったり、獲物《えもの》を狩ったり、田畑を耕したりしなくていいのは、すべてワシらがいるからじゃ。働いて得たカネがあるから、食材をとったり、育てたりという大変な手間をかけずに、食べたいものを食べることができるんじゃよ。

ボク ほんとだ……。木こりが釣りに行かなくても魚を得られるように、漁師が山に入らなくてもキノコを得られるように、**ボクは働いておカネを得ることで、自分では作り出せないものを、人から買うことができるんだ。**当たり前のことですけど、そう考えると、なんかすごいありがたいですね……！

金じぃ　もちろん、食べ物だけではないということは、もうわかっておろうな？

ボク　はい、はい、わかってます。ボクが買っているモノやサービス、体験、すべてにいえますね。おカネはやっぱり「魔法の杖」なんだ……！

金じぃ　うむ。すると、どうじゃ？　カネを払うだけで、自分は、ずいぶんトクしていると思わんか？

ボク　思います！　そういえば、このあいだ買った大根は、たったの150円でした。畑を耕し、種を植え、水をやって何カ月も育てて収穫できた1本の大根が。なんか泣けてきました……！

金じぃ　よしよし、相変わらず素直で誠にけっこうじゃ。**人がカネを使うのは、自分の欲を満たすため。言い換えれば、「今よりよくなりたい」からじゃ。そのために必要なものを、お前さんの代わりに誰かがどこかで準備してくれている。それをお前さんは、カネと引き換えに手に入れているんじゃな。**

前に、自分がおカネを受け取るときに喜ぶのと同じく、自分がカネを使うときは誰かを喜ばせているんじゃと話したな。それだけでなく、今、話したことも、カネを

おカネを使うたびに、「トクした!」と思おう

おカネが存在しなかったら…　　でもおカネが存在するから…

自分で
種まいて、
耕さないと…
たった150円で
すぐ大根が
食べられるなんて
ありがたい!

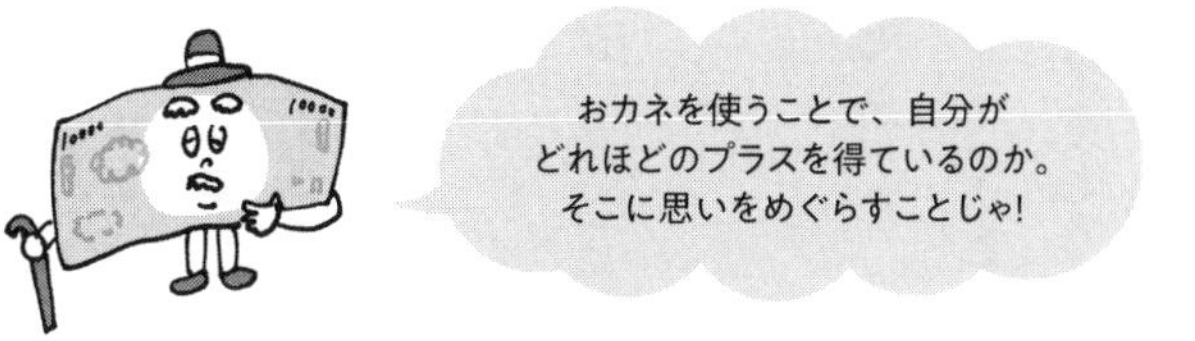
おカネを使うことで、自分が
どれほどのプラスを得ているのか。
そこに思いをめぐらすことじゃ!

使うたびに思い出してほしいんじゃよ。真の喜びとともに、カネを使える人間になるために……。

ボク　おカネを使うたび、自分はものすごくトクをしている……ということですね？

金じぃ　それを、つねに自覚できるようになると最高じゃ。**多くの人が、カネを使うとマイナスになると考えておるようだが、それが大きな勘違いなんじゃ。カネを使うことで、自分はプラスになっている。トクしているんじゃよ。**

さっき、お前さんは「自分では作り出せないものを人から買うことができる。そう考えると、ありがたい」といったな。

よくいうたぞ。その「ありがたい」という気持ちが、とても重要なんじゃ。つまり、カネを使うときに「感謝」できること。よいか？　今日の最後に、大事なことをいうぞ。**人間は「喜びや感謝」と「不安や恐怖」を同時に感じることはできん。だから、カネを使うときに喜び、感謝していると、カネを失うという不安や恐怖は感じなくなるんじゃ。これこそが、ワシらを呼び寄せるマインドなんじゃよ。**

ボク　おカネを使うとトクをする。それがわかると、「感謝」をもっておカネを使えるようになる。それこそが、本当に喜びとともにおカネを使うということなんですね……！

ボクの学び メモ ⑦

- □ おカネがあるから、ほとんど労力をかけずに、欲しいものを瞬時に入手できる（誰かが準備してくれたものを買っている）。
- □ 人が何かを買うのは「今よりよくなりたい」から。ということは、自分は、おカネと引き換えに、じつはおカネ以上のものを得ている！

□ つまり、自分はおカネを使うたびにトクをしている→「おカネを使う＝マイナスになる」ではなく、「プラスになる」ということ。

□ これらは、とてもありがたいこと。そう思って日々、おカネを使うべし！

「幸せのハードル」を下げてみぃ

「カネを使う喜びと感謝」を心に響かせる

金じぃ　ではここで、カネを喜んで使えるようになる方法を教えておこうかの。

ボク　喜びとともに使う人は、喜びとともに受け取れる、という仕組みは教わりましたけど……。おカネで欲しいものが買えるありがたみを感じられると、喜んでおカネを使えるようになるんですよね？

金じぃ　そのとおりじゃ！　だが、まだちょっと怪《あや》しいのう。なぜなら、今は頭で理解しているにすぎないからじゃ。本当に喜んで、そして感謝してカネを使えるようになるには、頭で理解したことを心に響かせる。**そのためには、とにかく、「噛《か》みしめること」、これに尽きるんじゃ。**

カネを払うだけで、お前さんは労せずして必要なもの、欲しいものを得ることができる。**その喜びを、「やった！　願いが叶った」「うれしいなあ」「ありがたいなあ」**

ボク　**となく、自分がもっともしっくりくる言葉を叫《さけ》んで、噛みしめるんじゃよ。**

金じぃ　ええと、叫ばなくちゃダメですか？

ボク　うむ、できる限り声に出して、心の底から叫んだほうがよいな。それができない状況ならば、心の中で叫ぶんじゃ。そして、これを日常的に実践するにもコツがある。**「幸せのハードル」を下げるんじゃよ。**

ボク　幸せのハードル、というと……？

金じぃ　**今の「当たり前」は、本当は「当たり前じゃない」**

お前さんたち人間は、いろんなことが「普通」「当たり前」になってしまっておる。しかも普通のこと、当たり前のことには、喜びや感謝を感じにくい。これは、言い換えれば幸せのハードルが上がっているということじゃ。その結果として、カネを使う喜びや感謝を噛みしめる機会が減ってしまうんじゃよ。

だから、幸せのハードルを下げて、今までは普通だったこと、当たり前だったことにも幸せを見出せるようになったほうがいいんじゃ。

ボク すると、今まで普通だったこと、当たり前だったことにも、自然と喜びと感謝を感じられるようになって、心から噛みしめる機会も増える……と？

金じぃ そうじゃ。少し前のことだが、お前さんは、大根1本が150円だったことに、痛く感激しておったな。その心意気で、ほかのことも振り返ってみい。特別なことではない単なる生活費ですらも、カネを払う喜びと感謝が湧き上がってくるじゃろう。多少、値上がりしても、別に腹も立たなくなるぞ。

ボク いや、値上がりはやっぱりムカつきます……！

金じぃ 腹が立つのは、その値段がお前さんにとって「普通」「当たり前」になっていたからじゃろう？　そこで改めて考えてみい。何が値上がりして腹が立ったか知らんが、それが自分の元に届くまでの手間や道のりを……。

もちろん、不当に高い額を払う必要はないぞ。だが、今まで自分が「普通」「当たり前」と思っていた値段は、はたしてもっとも適正だったのか？　値上げ後の価格は、腹を立てるほど不当だろうか？　そう考えてみるんじゃ。

ボク　じつは、あるアプリの月額使用料が、100円上がってムカついていたんですけど……。うーん、いわれてみれば、月々あの値段で、あれだけ豊富なサービスを受けられていたのってすごいのかも……？　100円どころか、もっと払っても妥当《だとう》な気がしてきました！

金じぃ　**うむ、そのサービスを可能にするために、どれほどの人たちの創意工夫や働きがあるかと想像してみれば、多少値上がりした額を払うことになっても……、どうじゃ？**

ボク　うれしい、ありがたい……！　そうか、こういうときにも想像力って大事なんですね。

金じぃ　うむ。ようやくわかったようじゃのう。これでお前さんは、また一つ、喜びと感謝をもってカネを使えるようになったわけじゃ。よくよく噛みしめるがよいぞ。

ボク　はい、サービスを利用するたびに噛みしめます……！

金じぃ　その調子じゃ！

なるべく「いい顔をした人」から買う

金じぃ　よし、興《きょう》が乗ったところでもう一つ、教えておこう。**喜びと感謝をもってカネを使えるようになるコツその2は、せっかくなら「いい顔をした人」から買うことじゃ。**笑顔が素敵な人、対応が心地いい人、すべて引っくるめて「いい顔をした人」から買う。すると、カネを払うときに気分がいいじゃろ？

ボク　なるほど……。そういえば、よく行くコンビニの店員さんは、いつもハキハキしていて、そこでお弁当を買うと、なんだか気分がいいです。

金じぃ　ほれ、まさに、そういうことじゃ。それを、「そういえば……」ではなく、もっと意識して買い物をしてみい。選べない状況もあるじゃろうが、できる限り「あの人、なんかいい顔してるな」「素敵だな」と思える人から買うようにするんじゃ。

ボク　そうすれば、もっと気分よくおカネを使えるようになりそう……。必然的に、喜びと感謝を噛みしめる機会も増えますね！

金じぃ そういうことじゃ！　もちろん、そもそも「カネを払うたびにトクしている」と思えば、感謝の気持ちは自然と湧き上がるもんじゃ。だが、喜びと感謝を、しっかり心にまで響《ひび》かせるためには、人情として「よりいい気分で買い物する」ように意識することも必要なんじゃよ。

ボク 「いい顔をした人」から買うと、単純に気分がいい。それも重要ってことですね。

ボクの学びメモ ⑧

- □ 本当に喜びと感謝をもっておカネを使えるようになるには、欲しいものがおカネで買えるありがたみを、そのつど「噛みしめる」。
- □ 「幸せのハードル」を下げると、今まで当たり前だったことにも感謝できるようになる。
- □ 「素敵だな」と思う人から買うようにすると、さらに喜びと感謝が増す。

CHAPTER. 3

「使い方」を変えれば、「受け取り方」が変わる！

「ポジティブな人ほどリッチになる」、それにはちゃんと理由があるんじゃ

カネは、よくも悪くも人の気持ちを増幅させる

ボク　ボクは今まで、漠然《ばくぜん》と、どうしたらもっとおカネが入ってくるんだろうって思ってました。でも金じぃの話を聞いていると、おカネとの向き合い方のほうが大事！といわれている気がするんです。合ってますか？

金じぃ　ほう……！　その重要性をわかってくれたのは、うれしいことじゃ。だが、どちらのほうが大事かというよりも、問題は順序じゃよ。**ワシらとの向き合い方を変えなくては、たとえ、ポンと大金を手にすることがあっても、幸せなカネ持ちにはなれんじゃろうな。**

ボク　幸せなおカネ持ちと、不幸せなおカネ持ちも、おカネとの向き合い方によって変わるんですか？

金じぃ もちろんじゃ。というのも、ワシらには、よくも悪くも人の気持ちを増幅させるという作用があってのう……。

ボク **おカネは、よくも悪くも人の気持ちを増幅させる……。ネガティブな人はもっとネガティブになるし、ポジティブな人は、もっとポジティブになるんですね。**

金じぃ そうなんじゃ。ネガティブな人がワシらを手にすると、ネガティブな気持ちが増幅する。すると、いくらあっても満たされず、ワシらを失うことを恐れて囲い込もうとしたり、満たされない気持ちを満たすために、おかしな使い方に走ったりしてしまうんじゃ……。

ボク おかしな使い方、というと？

金じぃ たとえば、男性のカネ持ちが、家庭を放ったらかして女性のいる店で散財したり、奥さんのほかに女性を囲ったり。そんな話を聞いたことがあるじゃろ？

ボク そういうことか……！　それは、おかしな使い方なんですね？

金じぃ もちろん、カネは流しているし、カネを受け取る女性たちを喜ばせているのも事実じゃ。だが、よくよく考えてみい、そういう使い方の根っこにあるのは、単なる見栄っ張りじゃ。**いくら費《つい》やしても自分の心が満たされることはなかろう。**それに、自分の一番大切な人たちを悲しませてしまう。いくらカネを流していても、いい使い方とはいえんな。不幸せなカネ持ちの一つの典型例じゃよ。

ボク　そうか、外でおカネを使いまくって、奥さんとか子どもが寂しい思いをしていたら、よくありませんよね。**おカネは、流せば何でもいいわけでもなく、使い方にも、よしあしがあるのか……**。じゃあ、ポジティブな人がおカネをもつと、どうなるんですか?

「ネガティブな心のクセ」を直す

金じぃ　よう聞いてくれた! **ポジティブな人がカネを手にすると、ポジティブな気持ちが増幅する。そういう人は、カネを失う恐怖心が薄《うす》い。**すでに心が満たされておる。だから、決して見栄っ張りな使い方はせず、素敵な使い方――人を心底、喜ばせるような使い方ができるんじゃ。そして、もういわなくてもわかるじゃろうが、そういう使い方ができる人ほど……。

ボク　その人を経由するおカネが増えるから、もっとおカネに恵まれるんですね！

金じぃ　そういうことじゃ！　**そして、そんな幸せなカネ持ちを目指すには、先に自分の心のクセを直すことが重要なんじゃよ。**

ボク　心のクセか……。ボクは、どちらかというとネガティブかなあ。もっとポジティブな気持ちで、おカネと向き合えるようになりたいです！

「ホームステイ先」を見つける

金じぃ　うむ。それでもお前さんは、出会ったころよりは、だいぶポジティブになってきてると思うぞ。ここでは、二つほどトレーニング法を教えておこう。**まず一つめは、「ホームステイ先」を見つけることじゃ。**

ボク　ホームステイ？　語学留学とかで、よくあるやつですか？

金じぃ　まさにそれじゃ。英語が話せるようになるには、英語を話す家で暮らすのがもっと

幸せなおカネ持ちの考え方をインストールしよう

おカネって
トラブルの
もとだよな～
楽しそうな生き方で
おカネにも
恵まれている人の
情報に触れてみると…
おカネって
そんな素敵な
ものだったのか!
本
今までおカネへの
認識がズレてた
のかも……
動画
自分のおカネへの思い込みは、
じつは間違っているかもしれんぞ!
うまくいってる人の話を聞いてみるんじゃ

も手っ取り早い。同じように、カネに対してポジティブになるには、カネに対してポジティブな人と過ごすのが、もっとも手っ取り早いんじゃ。**簡単にいえば、幸せなカネ持ちに弟子入りせい、ということじゃよ。**

ボク　いやいや、そんなすごい人、身近にいませんけど?

金じぃ　一番いいのは直《じか》に接することじゃが、ほかにも方法はあるぞ。幸せなカネ持ちには、本や動画で発信している人もたくさんおる。**それを日々、読んだり見たりすることでも、彼らのカネとの向き合い方をインストールしていけるんじゃ。**

ボク 本や動画か！　それだったら、今の暮らしの中でもできますね！

「世の中に豊かさを流していること」を実感する

ボク で、あともう一つのトレーニング法は何ですか？

金じぃ もう一つは、じつは前にも触れたことがあるんじゃが……改めて説明しておくぞ。カギは想像力じゃ。カネを使ったら、そのカネの行く先をできるだけ遠くまで想像してみぃ。たとえば、お前さんはコーヒーが好きだな？

ボク はい。毎日、お気に入りのカフェで、「本日のコーヒー」をテイクアウトしています。

金じぃ **そういう日常的な場面で、自分が払ったカネがどこへ行くのか想像するんじゃ。**お前さんが払ったカネは、そのカフェに入り、目の前の店員さんの給料になるじゃろ。その店員さんは、アルバイトの学生さんかもしれん。カフェの給料で、素敵な洋服を買うかもしれん、友だちとおいしいものを食べるかもしれん、あるいは勉強に必要な本を買うかもしれん……こんなふうに、自分が払ったカネがその先、どんなふうに流れていくのかを想像してみぃ。

ボク　でも、本当のところはわからないですよね？　それに、おカネの行き先と言っても、たったの数百円だし……。

金じぃ　前にもいったが、それは、わからなくていいんじゃ。すべては想像、妄想《もうそう》でいい。使う額もまったく問題ではないぞ。**重要なのは、自分はカネを使うことで、世の中に豊かさを流してるんだと実感することじゃ。**するると、心がほんわかと豊かになる。このトレーニングは、豊かさを流している自分を実感することで、心を豊かにするためのものなんじゃよ。

ボク　なるほど……。じゃあ、このトレーニングを続けると、よりおカネに対してポジティブになれるんですね？

金じぃ　そうじゃ。**人間の心には、元に戻ろうとする習性がある。だから、心のクセをネガティブからポジティブへと変えるには、カネを使うたびに、豊かさの流れを想像する、その流れを生み出している自分自身を実感する……という反復練習が必要なんじゃ。**ただし、一つだけ注意点がある。

ボク　え？　これから、できる限り、どんどん豊かさを流していこうと思ったのですが、注意点ってなんですか？

「自己犠牲」に陥らないよう、要注意！

金じぃ　すまん、すまん、まだ言葉が足りなかったようじゃ。どんどん豊かさを流していこう、という発想は素敵なんだが、行き過ぎると危険なんじゃ。**人を喜ばせることに発想が偏《かたよ》ると、今度は自分の喜びが後回しになってしまう。これだけは避けてほしいんじゃよ。**

ボク　自分を犠牲にしてまで、人を喜ばせても意味がない……？

金じぃ　意味がないどころか、逆効果じゃ。たとえば、お前さんが買う1杯のコーヒーは、自分のためじゃろ？　それを、もっと店員さんを喜ばせたいからといって、無理して毎日、10杯も買うのは本末転倒じゃ。**そういう自己犠牲の精神は、何しろネガティブマインドにつながりやすいからのう……。**

ボク　ああ、たとえば「こんなにやってあげたのに〜！」とか……？

金じぃ　そういうことじゃ。**だから、最優先事項は自分を喜ばせること。**よいな？　あくまでも自分を喜ばせるために使った、そのカネが、そこからどんなふうに流れ、どんな喜びを生んでいくかを想像するんじゃ。

ボクの学びメモ ⑨

□ **ネガティブな人がおカネをもつと、ネガティブな気持ちが増幅し、おかしな使い方をしてしまう。**

□ **ポジティブな人がおカネをもつと、ポジティブな気持ちが増幅し、素敵な使い方ができる。そして、素敵な使い方ができる人には、おカネが流れ込んでくる！**

□ **そんなポジティブさを身につけるためのトレーニングその1——理想のおカネ持ち（お手本）を見つけて、弟子入りする。生身の人間じゃなくても、本や動画で学ぶのもオッケー。**

□ トレーニングその2――おカネを使うたびに、そのおカネの行き先を細かく想像して、「人を喜ばせていること」「世の中に豊かさを流していること」を実感する。

□ ただし、自分を犠牲にしてまで人を喜ばせないように要注意。

ワシらは、いつもお前さんの「顔」を見ているぞ

ラクに稼ぐ人はラクに使える

金じぃ　ここまで聞いてきて、どうじゃ？　カネを使うときの心構えについては、だいぶ腑《ふ》に落ちたかのう？

ボク　はい。前は「おカネを使う＝おカネを失う＝マイナスになる」って思っていたから、すごくおカネを使うのが嫌でした。でも今は、おカネでいろんなモノやコトを得られるのだから、本当にうれしいなあ、ありがたいなあって。我ながら単純というか、影響されやすいなと思いますけど……。

金じぃ　それがお前さんの大変よいところじゃ。**素直な人ほど上達が早いというのは、どんなことにも当てはまる法則だからのう。**

ボク　ところで金じぃ、一つ聞きたいことがあるんですけど、いいですか？

金じぃ　ほう、なんじゃ？

ボク 今まで、おカネの使い方の話をずっと聞いてきました。使い方が大事なのは、よく理解したつもりです。でも使うってことは、おカネが出ていくことには違いないわけで……。どうやったらもっとおカネが入ってくるか、教えてもらえませんか？

金じぃ なるほど、カネの使い方はもういいから、稼ぎ方のほうを教えてほしいとな。ふむ……、**では一つ教えるが、ラクに稼ぐことじゃな。**

ボク え？

金じぃ 世の中には、ラクに稼いでいる人もたくさんいるんじゃよ。そしてラクに稼いでいる人は、ラクに使うことができる。それは、苦労して稼いでいないカネならば、囲い込もうとせず手放せるからじゃ。**こうして、ラクに稼ぐ、ラクに使う、ラクに稼ぐ……という好循環ができあがるんじゃな。**

ボク ちょっと待ってください。急にそんなことを言われても……。ラクに稼ぐなんて、ボクにはハードルが高すぎます！

金じぃ そうじゃろうのう……。

ボク え、それでおしまいですか？　ラクに稼ぐ方法はないんですか？

金じぃ　うむ、あることはある。だが、今のお前さんには、まだ早いのう。

ボク　じゃあ、どうしたら……？

「稼ぎ方」より「使い方」を変えるほうが早い

金じぃ　そもそも、なぜワシが使い方の話から始めたか、わかるかのう？

ボク　稼ぎ方より使い方のほうが大事だから、ですか？

金じぃ　それもあるが、もっと単純な理由じゃ。**第一に、稼ぎ方をコントロールするより、使い方をコントロールするほうが簡単だからじゃ。そして使い方を変えれば、必ず稼ぎ方も変わってくる。**

要するに使い方からアプローチするのが、もっとも効率的なんじゃよ。試しに聞くが、たとえば、好きなことをして稼いだほうがいいといわれたら、お前さんは、すぐに実行できるかのう？

ボク　うーん、それは難しいですね。成功する確証もないし……。

金じぃ　そうじゃろう？　たいていの人間は稼ぎ方を、急にガラリと変えることはできん。だから、まず使い方から変えていこう、というわけなんじゃ。さっき話した「先に使い道を考える」ということも含めてな。**そしてラクに稼げるようになるには、まずラクにカネを使えばいい。前に話した「自己投影」の話を思い出してみぃ。**

ボク　自己投影の話って、喜んでおカネを使っていると考えるから、喜んでおカネを使う人は、他人も喜んでおカネを使っているとを当てはめれば、**ラクにおカネを使う人は、人もラクにおカネを使っていると思えるから、ラクにおカネを受け取ることができるっていうことか！**　なんだ、全部根っこは同じなんですね。

金じぃ　そうなんじゃ。本当に大事なことは数少ない。ただ、お前さんがちゃんと理解して、ちゃんと実行できるように、手を変え、品を変え、話しているだけなんじゃよ。

ボク　すみませんね、理解が悪くて……！

金じぃ　いや、お前さんは何も悪くない。**ワシらと仲よくなってもらうには、感情から意識、そして意識から行動を変えていく必要がある。**それは、ひと言結論を聞いただけで実行できるような生易《なまやさ》しいことではないんじゃよ。頭で理解するだけでなく、何度も何度も反復練習して、心に響かせねばならんのじゃ。

ボク まず感情から変えていくという、トレーニングが必要なんですね。

金じぃ そうじゃ。**今、あまりカネに恵まれていないのは、カネに恵まれないマインドが刷り込まれているせいじゃ。**だが幸いなことに、大人は自分を再教育できる。ワシが話しているのも、お前さんが自分を再教育するための、いわばトレーニング方法を教えているというわけなんじゃよ。

ボク ジムでパーソナルトレーニングを受けているようなものか！

金じぃ そうじゃ。体を鍛《きた》える方法も一つではなかろう？　全身をバランスよく鍛えて、いい体が作られていく。それと同じじゃな。ではここで、カネをラクに使えるようになる方法を一つ教えておこう。

ボク それトレーニングの一環ですね、お願いします！

金じぃ なに、トレーニングといっても簡単なことじゃよ。まず100円くらいを何も考えずに使ってみるんじゃ。もし、100円くらいは、普段から何も考えずに使うことが多いというなら、５００円、１０００円のもので試してみぃ。

ボク 今まで気軽に使えなかった額を、気軽に使ってみる、ということですかね？

金じぃ そうじゃ！ **今までは考えなしに使えなかった額を、ラク～に使ってみる。徐々に額を上げていくのもよかろう。**すると、ラク～な気分でカネを受け取れるようになり、ラク～にカネが入ってくる土台ができるぞ。

カネを使うとき、どんな「顔」をしているだろうか？

ボク 自分のためにおカネを使うと、自分も、おカネを受け取る相手も喜ばせることができる。それは、つまり、世の中に豊かさを流しているということ――そう思うと心が軽いというか、前よりも明るい気持ちで、おカネを使えるような気がします！

金じぃ そうかそうか。この先、どんな「顔」でお前さんがカネを使っていくかと思うと、楽しみじゃのう。ワシらは、いつも見ておるぞ。

ボク え？ おカネには、ボクの顔が見えてるんですか？ いやいや、そんなはずないですよね。だって、ただのおカネなんだから……。

金じぃ 失礼なことをいうでない！　ワシらには、お前さんの顔がちゃーんと見えておるぞ。たとえば、あれはいつだったかのう、お前さんが駅前のドラッグストアで、ちょっと高いトイレットペーパーを買ったのは……？　ずいぶんと不満気な顔で財布から千円札を出し、お釣りを受け取ったではないか？

ボク そうそう、いつも買っている安いのがなくて、仕方なく高いのを買ったんですよね……って、なんでそんなことまで！

金じぃ ほっほっほ、お札をよく見てみい。人の顔が描いてあるじゃろ？

ボク 顔って……、まさか、偉人の顔のことですか？

金じぃ そうじゃ。ワシらは、彼らの目を通して、いつもカネを使う人の顔を見てるんじゃよ。なんじゃ、そんなことも知らんかったのか？

ボク 知りませんでしたよ。大半の人は知らないんじゃないですかね？

金じぃ なんじゃ、そうなのか……。**ではこれからは意識してみい。カネを払うたびに、自分の顔はワシらに、どう見えているだろうか、とな。**

ボク　それも、いい訓練になりそうですね。なるべく、いい顔を見せたいから……。

金じぃ　うむ、そうするがよいぞ。**ワシらも、いい顔で送り出してくれる人のところには、大勢を引き連れて、また戻りたくなるもんじゃからの。**

ボクの学びメモ ⑩

□ ラクに稼げる人は、ラクにおカネを使える。ラクにおカネを使える人は、ラクに稼げる。ではどちらからアプローチするか？　ラクに使うほうから！

□ ラクに使えるトレーニング――１００円とか５００円を何も考えずに使ってみる。

□ おカネには人の顔が見えている。「いい顔」をしておカネを使うこと！

お！　その損は「おいしいネタ」と考えてみぃ

「カネ返せ！」と思いそうになったら

ボク　いつもおカネに顔を見られていると思うと、なるべく、いい顔でおカネを使いたい……とは思いますけど、無理なときもありそうだなあ。

金じぃ　ほう、それはなんでじゃ？

ボク　金じぃにはわからないかもしれないけど、ボクら人間には、おカネを払うときに、つい舌打ちしたくなるときもあるんですよ。たとえば、おいしいと評判のお店が、まったく期待外れだったときとか……。もちろん、おカネは払いますけど、心の中は「カネ返せ～！」の大合唱ですよ。

金じぃ　なるほど。つまり、妥当だと思えないカネを払わなくてはいけないときに、腹が立つと、そういうことかのう？

ボク　はい、それが人情ってものなんです。そんなときまで、無理して笑ってカネを払うなんて、ボクにはできないな……。

金じい そうじゃろうかのう？　たしかに期待が裏切られるのは残念なことじゃ。**しかし、そこでネガティブな気持ちに落ち込むかどうかは、受け止め方次第じゃな。**

ボク じゃあ、どう受け止めろっていうんですか？

金じい 簡単じゃ。笑ってしまえばいいんじゃよ。

ボク はあ？　笑うのは無理っていう話だったんですけど……。

バッドラックを笑い飛ばす

金じい まあ、そうカッカするでない。軽〜く考えてみい。おいしいと評判の店にいそいそ出かけてみた。ところが、ぜんぜんおいしくなかった。「なんで？　なんでなの？ありえないんですけど？　何かあったわけ？　シェフがお腹こわしてたとか？」——ほれほれ、なんだか、笑いがこみ上げてこんかのう？

ボク 「シェフの奥さんが産気づいて気もそぞろだったとか？」「ひょっとしてボクだけ、

おいしいものがないパラレルワールドにいるのかな」……みたいに？

金じぃ そうじゃ。そういう感じで、笑い飛ばしてしまえばいいんじゃよ。もしデートだったとしても、「ひどかったね〜」「あれはないよね〜」なんて笑い合ってしまえば、一瞬でチャラになるじゃろうて。

ひょっとしたら模範的なデートよりも印象に残るかもしれんぞ。「今度、リベンジさせて！」と次につなげることもできるじゃろうし、「あのときは、ほんと、ひどかったよね〜」と、後からまた二人で笑い合うこともできるじゃろう。

ボク なるほど……、そう考えると、バッドラックって、むしろ、おいしいんじゃないかって思えてきました！

金じぃ そうなんじゃよ。**これくらいのバッドラックは笑いのネタじゃ。一瞬、腹が立つのは仕方ない。だが、「おいしいネタもらった！」「ウケる」と思えばいいんじゃよ。**

ボク そうすれば、心底「いい顔」ではないまでも、「含み笑い」くらいはできそうです！

金じぃ それで十分じゃ！　バッドラックに見舞われても、カネを払うときの気持ちをちょっとでも軽やかにすること。それを忘れんことじゃな。

おカネを払うときに腹が立ったら、
「あとでネタになるかも」
と考えてみよう

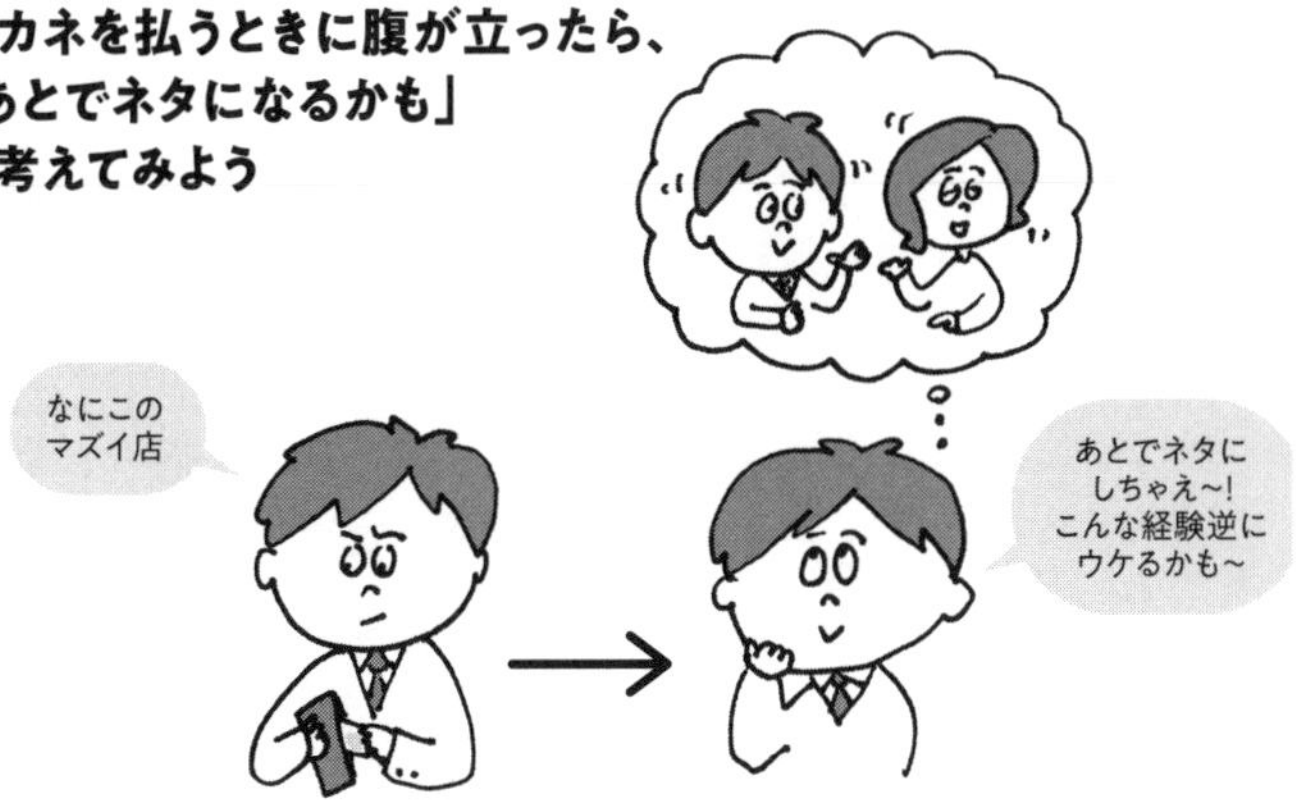

ボクの学びメモ ⑪

□おカネには、なるべく「いい顔」を見せよう。だから、「損した！」「カネ返せ！」と思いそうになったら「笑い」に変えちゃえばいい。

「ムダ遣い＝悪」だと思っておらんかの？

「価値のないもの」に、あえてカネを使ってみる

金じぃ　さてと、ずいぶん話してきたのう。ちょいと疲れてきたが、カネの使い方についてはは、あとひと息じゃ。続けてよいかな？

ボク　使い方の最後のレッスンですか？　お願いします！

金じぃ　うむ。**使い方で最後にやってみてほしいのは、「価値のないもの」にカネを使ってみる**――これじゃ。

ボク　あの、今までといっていることが違う気がするんですけど……。「自分を喜ばせるもの＝自分にとって、ちゃんと価値のあるもの」におカネを使ったほうがいいんじゃないですか？

金じぃ　もちろん、それも重要じゃ。とくに何も考えずにカネを使いがちな人は、まず、何が自分を喜ばせるのか、よくよく吟味《ぎんみ》してからカネを使ったほうがいい。だが一方

で、「価値のないもの」にカネを使うことにも、じつは意味があるんじゃよ。

ボク 価値のないものにも意味がある？ そんな禅問答《ぜんもんどう》みたいなことをいわれても、わけがわかりません……。

金じぃ まあ、聞くがよい。**なぜ、「価値のないもの」にもカネを使ってみてほしいか。それは、その使い方が、今後の「受け取り方」に関わってくるからなんじゃ。**

ボク 使い方が受け取り方に影響する……というのは、今まで聞いてきた話と似ている感じがしますね。

金じぃ おお、なかなか鋭《するど》いぞ、そのとおりじゃ。

「価値を提供できない人」には価値がない？

金じぃ 端的に言えば、「価値のないもの」にカネを使うと、自分も、「価値のないもの」でカネを受け取ってもいいんだと思えるようになるんじゃ。

ボク 「価値のないもの」でおカネを受け取るって、詐欺《さぎ》じみていませんか……？

金じぃ　ははは、予想どおりの反応だのう。だが、決してそういうことではない。順を追って説明していくぞ。まず、世の中では「価値」が重んじられている。そうじゃな？

ボク　はい、ほかと差別化するには、自分だけの「付加価値」をつけろっていうのは、ビジネスでもよくいわれますよね。

金じぃ　うむ。自分だけの付加価値をつける。誠にけっこうな発想じゃ。だがな、これには一つ落とし穴があるんじゃよ。**あまりにも「価値があること」に重きを置くと、「価値を提供しない人間には、価値がない」という恐ろしい呪縛《じゅばく》が生じてしまうんじゃ。**人の悩みの多くは、根っこに、この呪縛があるといってもよかろう。

ボク　「自分には何の価値もない」とか、「自分がやっていることに何の意味があるんだろうか」とか……？　ボクも思ったこと、あります。

金じぃ　そうじゃ。そしてこの呪縛が、ワシらを受け入れにくいマインドを作り出してしまうんじゃよ。**「価値を提供しない人間には、価値がない」＝「カネを受け取ってはいけない」という具合にな。**これがなかなか厄介《やっかい》でのう……。

ボク　それは聞き捨てなりませんね……！

金じぃ　この厄介な呪縛を、スルッと解くことができるのが、さっきいった「価値のないもの」にカネを使ってみる、という方法なんじゃ。

ひょいっと大金を使ったら、売上が伸びた話

金じぃ　ところで、お前さんは今まで、無駄遣いは悪だと思ってきたのではないかな？　お前さんだけではない、人間の世界を見ていると、無駄遣いは、ずいぶんと忌《い》み嫌われておるようじゃ。

ボク　そりゃあ、そうですよ。限られたおカネを無駄に使ってはいけない、というのは当たり前の考え方です。

金じぃ　**その考え方を一瞬だけ消して、ひょいっと無駄遣いしてみるんじゃ。自分にとっては何の意味もないものにな。それも、「なくなったらちょっと痛い額」だと、いっそう効果的じゃ。**

ボク　え〜！　そんなこと、できません！

金じぃ　騙されたと思って、やってみぃ。そういえば、もう十年以上も前のことだが、ある若モンにすすめたら、すぐにやってみていたぞ。そうしたら、なんともいえない爽快感があって、「価値あるものを提供しなければ！」という思いから解放されたそうじゃ。すると、みるみるうちに売上が伸びたんじゃよ。

ボク　なんで、そんなことが起こるんですか？

金じぃ　さっきもいうたじゃろう？

ボク　「価値のないもの」におカネを使うと、自分も「価値のないもの」でおカネを受け取ってもいいんだと思えるようになる……？

金じぃ　その若モンは、「価値のないもの」にカネを使った。**すると「価値のあるものを提供する、価値のある自分」しかカネを受け取ってはいけない、という思いから解放され、気楽にカネを受け取れるようになった。**だから、ワシらも気楽に、その若モンのところに集まれるようになったんじゃな。

ボク　そうか、これも、おカネに向き合う心のトレーニング……？

金じぃ　そうじゃ！**「価値のないもの」におカネを使うと、自分だって「価値のないもの」**

「価値のない自分」がおカネを受け取ることにオッケーを出そう

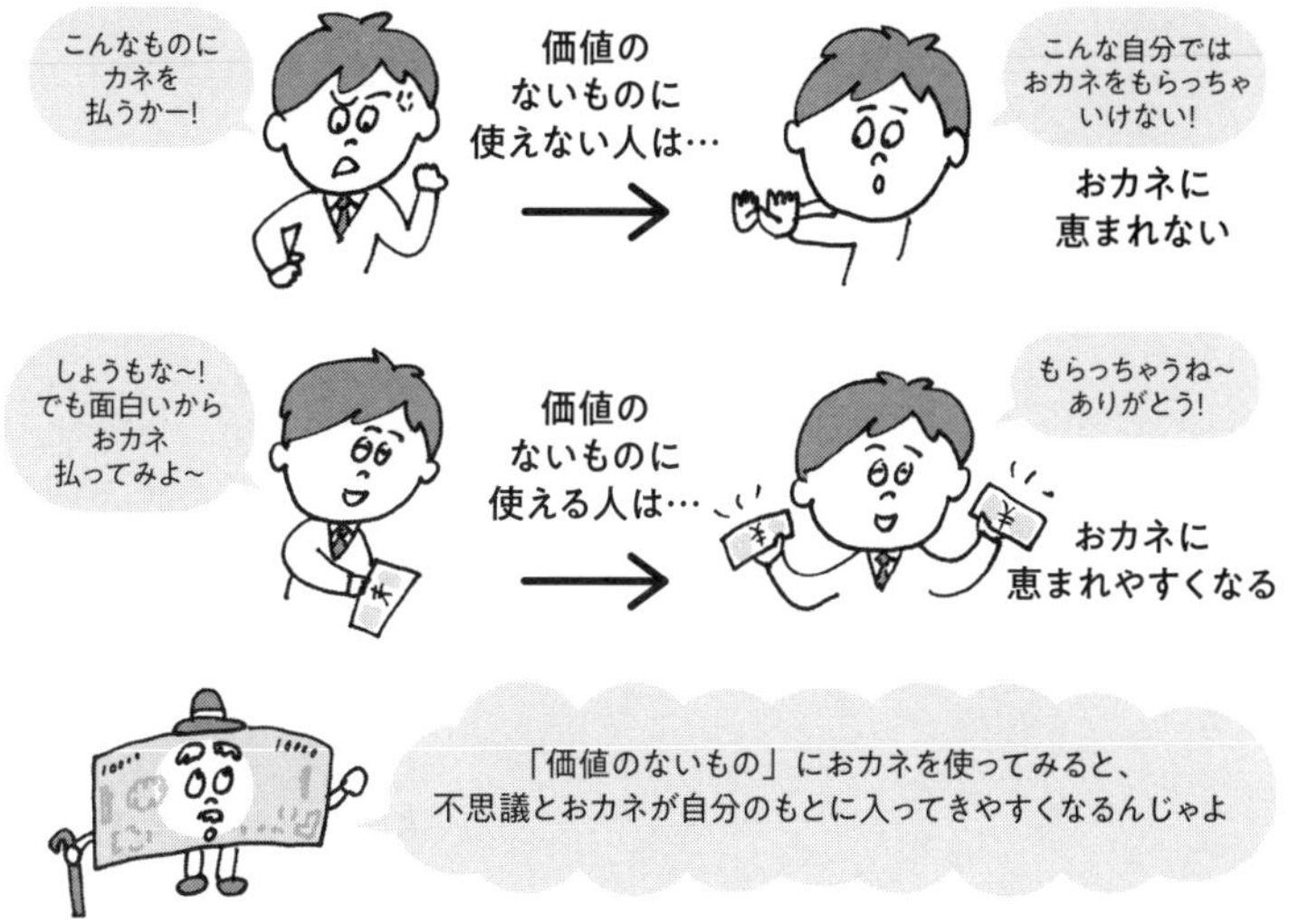
こんなものにカネを払うかー!
価値のないものに使えない人は…
こんな自分ではおカネをもらっちゃいけない!
おカネに恵まれない
しょうもな~! でも面白いからおカネ払ってみよ~
価値のないものに使える人は…
もらっちゃうね~ ありがとう!
おカネに恵まれやすくなる
「価値のないもの」におカネを使ってみると、
不思議とおカネが自分のもとに入ってきやすくなるんじゃよ

だとしてもおカネを受け取っていいんだと思えるようになる。これは要するに、カネを受け取ることに対する心のブロックが外れるということなんじゃ。このトレーニングの意味は、そこにあるんじゃよ。どうじゃ、やってみる気になったかのう？

ボク　うーん、ちょっとまだ怖いけれど……やってみます！

金じぃ　その意気じゃ！

ボクの学びメモ⑫

□「価値」を重んじすぎると、「価値を提供しなくては、おカネを受け取ってはいけない」という呪縛が生じ、おカネを受け取ることに対して過剰なメンタルブロックが働いてしまう。

□ そのメンタルブロックを外すには、「価値のないもの」におカネを使ってみる。

□ すると、もっと気楽におカネを受け取れるようになる→実際、より多くのおカネが流れ込んでくるようになる！

CHAPTER. 4

あの人、どうしてそんなにおカネがあるの？

ワシらのこと、どう思うかの？

もしカネ持ちになったら、何が起こるだろう？

金じぃ　ところで、お前さんを見ていて、気になることが一つあるんじゃが……。お前さんは「もっとおカネがあったらなあ」と思っているという。だがワシにはどうも、お前さんが本当にそう願っているとは思えないときがあるんじゃよ。

ボク　そんな、疑わないでください。本当に願ってますよ！

金じぃ　ならば、なぜお前さんは、カネ持ちに、あまりいいイメージをもっておらんのじゃ？　**「カネが好きだ」「カネ持ちになりたいんだ」と、なぜ、はっきりいわんのじゃ？**

それは心の底では「カネ＝汚い」「カネ持ち＝汚い人たち」と思っているからではないかのう……。そう考えると、本当にワシらと、もっと仲よくなりたいのか、よくわからなくなってしまうんじゃ。

ボク うーん、何といったらいいのか……。

金じぃ 率直に聞くぞ。お前さんは、カネをどう思うかの？

ボク おカネは、とても素晴らしいものです。自分も人もハッピーにできるおカネは、前に金じぃに教わったとおり、まさに「魔法の杖」！

金じぃ ほう……。では、お前さんが億万長者になったら、どうなるかのう？ 周囲の人からどう思われるか、どう扱われるか、想像してみると、どうじゃ？

ボク 億万長者になったら？ そりゃあ、きっと素晴らしいでしょうね！ もう働かなくていいし、何でも好きなことができる。
ただ、ちょっと心配でもあります。おカネがあると堕落《だらく》しそう。それに、ボクを嫌ったり妬《ねた》んだりする人や、変に取り入ろうとして近づいてくる人も増えそうです。そういえばテレビドラマでも、おカネ持ちは殺される、というのが定番だし。おカネ持ちになったら、足元をすくわれないように、いろいろ気をつけなくちゃな……。

金じぃ ほれ、言わんこっちゃない。

ボク え……？

金じぃ　**お前さんは、口では「おカネがもっと欲しい」といいながら、いざ本当にカネ持ちになったら、いろいろと、よからぬことが起こると思っておるではないか。**

それは心の底で、まだワシらに対するネガティブイメージがくすぶっている、ということじゃ。カネ持ちになったら堕落する、嫌われる、妬まれる、変な人が寄ってくる……というのは、お前さん自身が、そういう目でカネ持ちを見ているということじゃろう？　そんなふうに思っているとは、まったく寂しいことじゃのう。

ボク　うわ、ぜんぜん自覚していませんでした。ごめんなさい……。

サクッと未来にフォーカスすればいい

金じぃ　いや、お前さんは何も悪くない。ただそういうイメージが刷り込まれているだけだからな。同じように、まだまだワシらに対してネガティブイメージをもっている人は、たくさんいるんじゃ。

今まで聞いてきただけでも、「カネ持ちはずるいことをしてカネを得ている」「人から妬まれ、恨《うら》まれて早死にする」「悪意を持った人に全財産を奪われる」「カネは得ても、幸せは得られない」「近づいてくる人は、みなカネ目当て」「税金が高くなって損する」などなど、挙げだしたらキリがないほどじゃ。

ボク そうとう根深いですね……。でも、ボクも似たようなものなんですね、ショックですけど。こういうイメージって、どこで刷り込まれてしまうんですか？

金じぃ 親の教育、世間の風潮、さまざまじゃ。ただ、すべては悪意からではなく、お前さんに対する愛情ゆえなんじゃよ。とくに親はそうじゃな。

だから、「なぜカネがあると堕落すると思うんだろう？」「なぜカネがあると嫌われると思うんだろう？」「そうだ、お母さんがいつもそういっていたからだ」――などと刷り込みのルーツは探ってもいいが、だからといって責めるのはお門違《かどちが》いじゃ。

ボク 今さら親を責めても仕方ないですもんね。ましてや、ボクに対する愛情から、そう教えてきたのなら、なおのこと……。

金じぃ そのとおりじゃ。お前さんは、やさしい息子なんじゃのう。**ともかく、これからもっとカネに恵まれたいのなら、まず、ネガティブな刷り込みを自覚すること。そし**

て「本当にそうだろうか？」という視点で、軌道《きどう》修正してやればいい。

ボク　過去にフォーカスしすぎず、サクッと未来にフォーカスして、ネガティブイメージを刷新していけばいいんじゃよ。

　では、どうすれば……？

カネに対してどうありたいか？

金じぃ　うむ。大事なのは、理想を描くことじゃ。それには、前にも話した「ホームステイ先」――やはり手本を見つけるとよいぞ。成功するには、成功者にならうのがもっとも手っ取り早いからのう。

ボク　成功するには、成功者にならうのが一番……たしかに！　じつは昔、同じ男子校育ちなのに妙にモテる同級生がいたんですよ。最初は「あいつはクソだ！」とか思って距離を取ってたんですけど……。

金じぃ　ほうほう、妬ましかったんじゃな？

ボク はい、恥ずかしながら……。

金じぃ だが、モテたいのなら、モテる同級生と仲よくなるのが一番じゃ。お前さんは、あるとき、それに気づいたんじゃな？

ボク そうなんです！ 勝手に妬んで距離を置いていた時間が、もったいなかったなあって思いました……。

金じぃ それとまったく同じ話じゃよ。**モテたいなら、モテる人を手本とする。カネに対してポジティブになりたいのなら、カネに対してポジティブな人を手本とする。**現にワシの知る幸せなカネ持ちは、例外なく、ワシらを100%ポジティブに捉《とら》えておるわい。そういう人を手本とすればいいんじゃ。

そして、もう一つ、手本が見つかったら、やってほしいことがある。**カネに対する「理想の自分」を思い描いてみるんじゃよ。**お前さんはワシらに対してどうありたいか、ワシらをどう扱いたいか、ワシらと接するときに、どんな気持ちでいたいか……といったことを、ここで改めて考えてみてほしいんじゃ。

ボク おカネに対して、どうありたいか……。

「おカネに対する理想の自分」を思い描いてみよう

いっぱい稼ぐ
楽しく働く
気持ちよく払う
おカネとの理想の関わり方にもっと意識を向けてみると、
おカネへのネガティブな刷り込みを修正できるんじゃ

金じぃ　うむ。先にいうておくが、理想に正解も不正解もないぞ。自分が心の底からそう思うのなら、それが正解なんじゃ。おお、そうじゃ、思い描いた理想は、何かに記録しておくとよいぞ。それを折に触れて見返したり、アップデートしたりして、自分とカネの理想像を心に落とし込んでいくんじゃ。

ボクの学びメモ⑬

□ おカネ持ちになったらどうなるか？　もしネガティブなことが思い浮かんだら、おカネや、おカネ持ちに対して、ネガティブイメージがあるということ。

□おカネや、おカネ持ちに対するネガティブイメージは、過去に刷り込まれたもの。

□ただし、過去は深追いしないほうがいい。「どうしてそう思うんだろう?」「本当にそうだろうか?」と振り返ったら、未来にフォーカスし、おカネに対してどうありたいか理想像を思い描く。

□理想像のもととなるのは、理想のおカネ持ち(おカネに対してポジティブな人)。

□理想像は記録しておいて、ときどき見直したり、アップデートして心に響かせる!

「カネと相思相愛な人たち」には、共通点があるんじゃ

「勝てるかどうか」より「楽しいかどうか」

ボク　金じぃ、お手本を見て理想像を描くというのは、よくわかりました。でも、もうちょっと教えてもらえませんか？　幸せなおカネ持ちについて。どうしてあの人たちは、そんなにおカネがあるんでしょう？

金じぃ　もう少し手がかりが欲しいということじゃな？　なるほど、もっともな要望じゃ。幸せなカネ持ちは、どうしてそんなにカネがあるのか。ひと言でいえばワシらと「相思相愛」になるマインドがあるからなんじゃが、そのポイントをいくつか話しておこうかのう。

ボク　はい、お願いします！

金じぃ　**ワシらと相思相愛になるマインド、その第一は「勝ち負け」のロジックでは生きていないことじゃ。結論からいえば、「勝てるかどうか」より、「楽しいかどうか」で**

生きている人は、ワシらと相思相愛になりやすい、ということなんじゃが……わかるかのう？

ボク　ボクは、ビジネスは勝つか負けるかの厳しい世界だって教わってきました。より多くおカネを得るには、ビジネスで勝ち抜かなくてはいけないわけで……、幸せなおカネ持ちだって、その点は変わらないんじゃないんですか？　楽しいかどうかって、なんだかすごくノーテンキに見えるんですけど……。

金じぃ　たしかに一般的には、勝負の世界で勝ち抜いた人だけが成功できるといわれておる。実際、厳しい勝負の世界に生きている人も多いじゃろう。だがその一方で、勝負のロジックとは無縁で生きている人もたくさんおるんじゃよ。**そして傾向として、勝負から自由な人のほうが、より豊かに、より幸せになりやすいんじゃ。**

ボク　そうなんですか……？　だったら、ボクも勝負の世界から自由になりたいですけど、正直、ぜんぜんピンとこないな。

金じぃ　今まで信じてきたことから180度、転換するのは簡単ではないな。でも大丈夫じゃ。前にもいったように、大人は自分を再教育できる。それには、とにもかくにも

「知ること」じゃ。すぐに納得できなくても、転換できなくても、「へ～、こういう世界があるんだな」と知ることが、大きな第一歩なんじゃよ。

ボク そうか……。**世の中には、「勝てるかどうか」ではなく、「楽しいかどうか」で生きている人たちがいる。そういう世界があるんだってことですね。**

褒められない、評価されない、それでもいいか？

金じぃ そうじゃ。では、聞くぞ。実際に、「楽しいかどうか」で生きられる世界があるとして、お前さんは、本当にそこに行きたいかのう？

ボク そんな世界が本当にあるんだったら、もちろん、行きたいです！　勝負の世界には競争がつきもので、苦しいですからね……。

金じぃ うむ。いっておくが、人から褒《ほ》められたいのなら、勝負の世界にいたほうが満足できるぞ。歯を食いしばってがんばった人、苦労に苦労を重ねて成功した人ほど、世間からは評価されるものだからのう。

ボク　勝負の世界から自由な人は、あまり評価されないんですか？

金じぃ　そうなんじゃよ。**「楽しいかどうか」で生きている人には、基本的に苦労がない。ラクしてカネに恵まれることが多い。**世間一般の評価とは、往々にして「よくがんばって勝ち抜いた！」というものだから、そもそもがんばっていない人は、いくら成功しようとも、あまり評価の対象にならないんじゃ。

ボク　でも、自分自身はすごく楽しいわけですよね？

金じぃ　そうじゃよ。**それに「類は友を呼ぶ」というとおり、「楽しいかどうか」で生きている人には、同じような人が集まってくる。**楽しい仲間ができるんじゃ。どうかのう？

ボク　人から褒められたい気持ちもあるけれど……、自分が楽しく生きられたほうがいいかな。しかも、そのほうが、よりおカネに恵まれやすいんですよね、だったら、もう迷う必要はない！　と思います。

ボクの学びメモ ⑭

- □ おカネと相思相愛の人は、「勝負のロジック」から自由。
- □ 世間の評価軸は「どれだけ苦労して勝ち残ったか」。だから「楽しいかどうか」で生きている「苦労のない人」は評価されない。それでも「楽しいかどうか」の世界に行きたいか→「行きたい！」と心を決める！

「勝ち負けレース」からイチ抜けするには、これじゃ

「カネへの執着」を取り払う

金じぃ お前さんは、人から褒められなくても、勝負の世界から自由になるほうを選んだ。では、どうしたら勝負の世界から自由になれるのか、これから話していくぞ。勝負の世界は、いい換えれば「競争の世界」じゃな。たくさんのプレイヤーがつねにレースを繰り広げておる……。そんな勝ち負けレースからイチ抜けする方法は、二つある。**まず一つは、「先にラクに使う」**――これじゃ。

ボク ラクに使うって、前にも聞いたような……？　ラクに使うと、ラクに入ってくるんですよね？

金じぃ そのとおりじゃ、よく覚えておったの。だが、ここでポイントになるのは、「何に使うか」じゃ。なぜなら、**勝ち負けレースから抜け出すには、カネへの執着《しゅうちゃく》を消す必要があるからじゃ。**さて何に使ったら、カネへの執着が消えるかのう？

ボク　ぜんぜんわかりません……。

金じぃ　**カネへの執着を消すには、「自分に見返りのないもの」にカネを使うことじゃ。**本来、カネは自分のいろいろなニーズを満たすために使うものじゃ。お腹《なか》を満たしたい、楽しくなりたい、気持ちよくなりたい……などなど。

ボク　おカネと引き換えに、何かを得る。おカネを使うと、自分はトクをする。だからおカネって素晴らしい、という話が前にありましたね？

金じぃ　そうじゃ。**だが、ここでは、あえて、自分が何も得ない、トクをしない使い方をするんじゃ。**一番わかりやすいのは寄付じゃな。

ボク　ああ……。たしかに寄付は、相手にあげるだけで、自分には見返りがありませんね。でも金じぃ、自慢じゃないけど、ボクだって寄付くらい、したことありますよ？どこかで災害が起こったら必ず支援金を寄付するし、それ以外にも、毎月1000円、世界の貧困に取り組む国際機関に引き落とされるようにしてます。だけど、カネへの執着ありまくりです。どうしてですかね？

金じぃ　うむ。単純な話じゃ。額が少なすぎるからじゃよ。もちろん、そのチャリティ精神の尊《とうと》さは、額によっては変わらん。**だが、カネへの執着を捨てるための寄付は、「自分にとってちょっと大きな額」を出すことで効果が出るんじゃよ。**

ボク そうなのか……。じゃあ、今度ボーナスが出たら、ちょっと多めに寄付することにします。今月は残高が厳しいから、やめておきますね。

金じぃ いやいや、今すぐ寄付せい。よいか、感情は時間差で現実化するものじゃ。「今は苦しいなあ」と先送りにしたら、「苦しいから出せない」という状況がずっと再生産されるだけじゃぞ。

ボク そうなんですか？ 厳しいなあ……。

金じぃ そう思うじゃろうが、一度、ポンと寄付してみぃ。今もいったように、感情は時間差で現実化する。「ポンと寄付できる！」という気持ちで出せば、「ポンと出せる」という状況が現実になっていくんじゃ。

ボク つまり、「よりおカネに余裕のある自分」になっていける……と？

金じぃ そういうことじゃ。**「できるようになったらやる」では、いつまでもできないままじゃ。「先にやってしまうことで、本当にできるようになっていく」——そういう仕組**

みになっているんじゃよ。

ボク　最初はハッタリでもいいんですね。

金じぃ　そういってもよかろう。

幸せなカネ持ちは、「財布のサイズ」が大きい

金じぃ　「見返りのないもの」にカネを使うと、カネへの執着が消える。寄付を続けてみれば、きっとそれを実感するはずじゃ。すると、お前さんの財布のサイズが、ぐんと大きくなるぞ。

ボク　財布のサイズって……。実際のサイズとは違いますよね？

金じぃ　わははは、面白いことをいうやつじゃ。財布のサイズとは、前にも触れた「カネを受け入れる器の大きさ」じゃ。**それが、寄付のように「見返りのないもの」にカネを使うと、一気に広がるんじゃよ。**何しろ、何も引き換えに受け取ることなく、手元にあるカネを、見ず知らずの人にあげてしまうんじゃからのう。

おカネへの執着を手放すと「財布のサイズ」を大きくできる

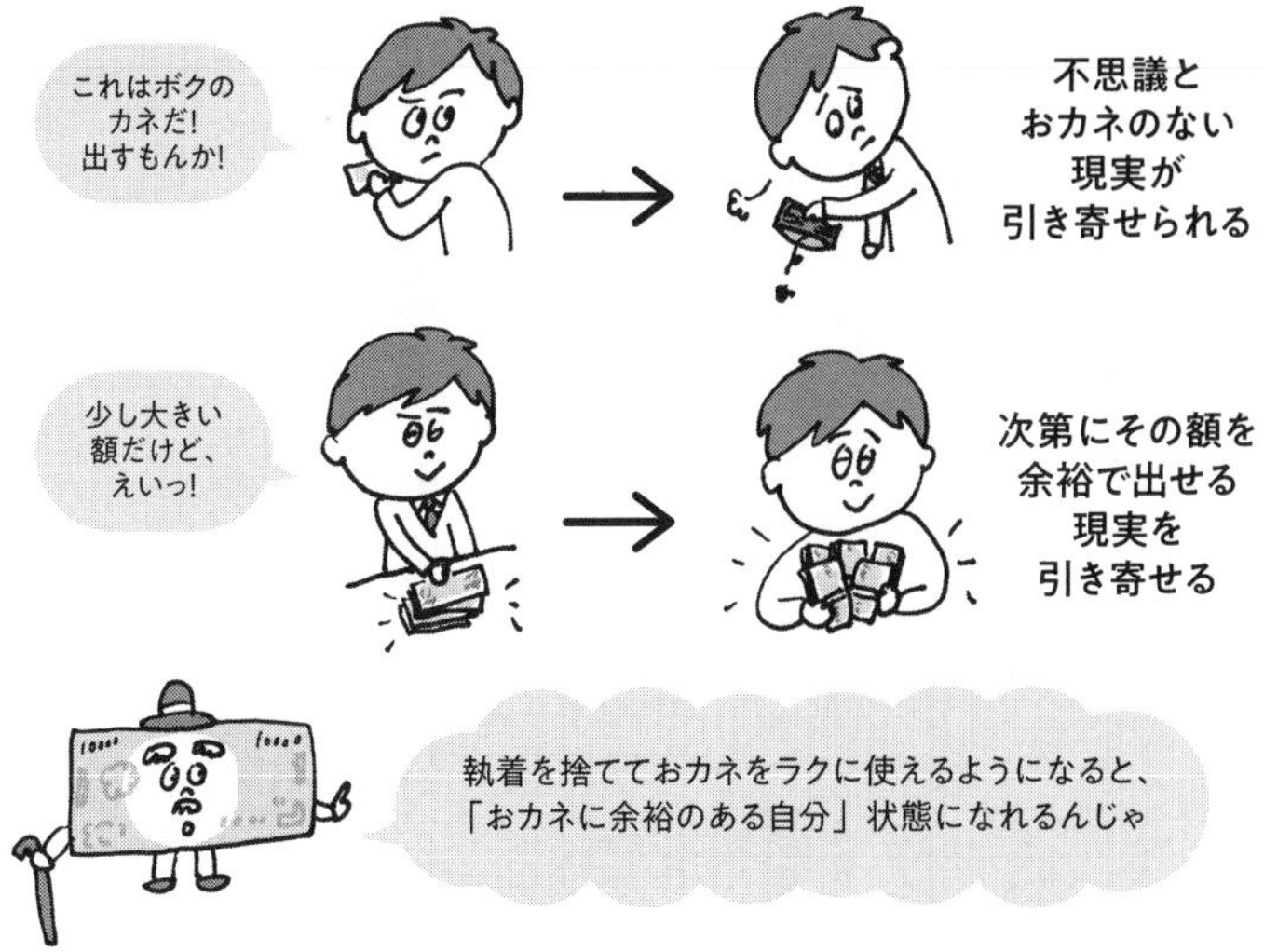
これはボクのカネだ! 出すもんか!
不思議とおカネのない現実が引き寄せられる
少し大きい額だけど、えいっ!
次第にその額を余裕で出せる現実を引き寄せる
執着を捨てておカネをラクに使えるようになると、
「おカネに余裕のある自分」状態になれるんじゃ

ボク なるほど……。**見返りなく人におカネをあげちゃうってことは、そもそも「これは自分のカネだ！」という発想がないってことですもんね。「たまたま手元にあるカネ＝みんなのカネ」みたいな感じ……？**

金じぃ おお、そういうことじゃよ！ そういえば、あるカネ持ちは、自分と同じ日に生まれた赤ちゃんに、小さな金メダルをプレゼントしておったわい。
赤ちゃんのときに金メダルをもらったら、きっとその子は「自分はツイてる」と思う大人に育つ。そんなに面白い投資はない、となな。日本一の投資家といわれる人物じゃったが、この人の財布は巨大だったんじゃ。

ボク　それはケタ違いですね！

金じぃ　ま、できる範囲は人それぞれじゃ。お前さんは、あくまでも、お前さんにとってちょっと大きな額を寄付すればいいんじゃよ。

競争心は、遊びながら発散する

金じぃ　さて、これでカネへの執着が消えて万々歳、勝ち負けレースから抜けられるかと思ったら、じつは違うんじゃ。競争心というのは、どうしても消せない人の本能でのう……。人と勝負したい、競争で勝ちたい、という気持ちがムクムクと湧き上がってきてしまうことがあるんじゃ。

ボク　勝負とは無縁でいたいのに、生来の闘争本能が働いてしまう……？　たしかに、スポーツとかソーシャルゲームがこれだけ人気なのも、人間に闘争本能があるからですよね。どうしたらいいんだろう？

金じぃ　まさにそれが解決策じゃ！

ボク それって……、ボク何かいいましたっけ？

金じぃ 何って、お前さんがいったように、スポーツやゲームじゃよ。映画や小説、マンガなんかでもいいかもしれん。**生来の闘争本能は、そういうバーチャルな遊びの世界で発散すればいいんじゃ。**そうすれば、自分の人生では、勝負や競争と無縁でいられるじゃろう？

ボク 遊びで発散するぶんには、誰も傷つきませんしね。なるほど……！

ボクの学びメモ ⑮

- □ 勝負のロジックから抜け出すには、おカネに対する執着心を取り払うことが必要。それには、「自分にとってちょっと大きな額」を寄付する。
- □ 感情は現実化する！「ポンと出せる」という気持ちで出せば、本当に「ポンと出せる自分」になっていける。
- □ 闘争心は人間の本能だからゼロにはならない。スポーツやゲームなど、遊びで発散すべし。

税金だって、素敵なカネの使い方じゃよ

なぜ幸せなカネ持ちは、喜んで納税できるのか

金じぃ　さて、ここで知っておいてほしいことは、だいたい話し終えたが……。どうじゃ、何か質問があれば答えるぞ。ワシらと相思相愛になる点について、何か疑問に思っていることはないかのう？

ボク　金じぃ、さっきの寄付の話を聞いて、ボクは「おカネを出し渋《しぶ》らないこと」って大事なんだなと思ったんですけど、どうしても払うときにイヤ〜な気持ちになってしまうものがあるんです。それは……。

金じぃ　ひょっとして、税金かな？

ボク　そうなんです！　給料明細を見ると、かなりの額が引かれていて、毎月ガックリしちゃうんですよ。なんでこんなに払わなくちゃいけないんだ……って。幸せなおカネ持ちは、どう考えているんですか？　おカネ持ちはボクなんかより、はるかに多

くの税金を納めてるはずですけど、腹が立たないのかな？

金じぃ　うむ、やはりそうか。お前さんたち人間は、みな似たようなところで、つまずくんじゃのう……。

ボク　ってことは、やっぱりボクだけじゃないんですね！

金じぃ　いやいや、幸せなカネ持ちは、税金すらも喜んで払っておるぞ。なぜかというと、視野が広いからじゃ。**税金についても、彼らは「カネの流れ」が見えておるんじゃよ。**お前さんも考えてみい、税金が何に使われるのかと……。

「当たり前」の多くは税金によって守られている

ボク　税金は何に使われるのか？　ええと、国や自治体に払うものだから、国や自治体の運営に使われるんですよね？

金じぃ　うむ、そうじゃな。そしてお前さんは、その税金で運営されている国や自治体の一員じゃ。では、お前さんが生きる国や自治体は、どんな場所かのう？

たいていの場所には水道が引かれておるし、道路も整備されておる。風邪を引いたらすぐに病院に行ける。夜道を一人で歩いても、ほぼ安全じゃ。ほかにも、この国に住むメリットは挙げだしたらキリがない。その費用はすべて、お前さんが払った税金によって賄《まかな》われているんじゃよ。

ボク うーん、水道も道路も医療も、夜道の安全も、当たり前のものだと思っていたので、これぱかりはおカネの流れを見ても、いまいちピンときませんね……。

金じぃ ふむ……。では問題じゃ。世界のおカネ持ちがもっとも欲しがっているものは、なんだと思う？

ボク 世界のおカネ持ちが欲しがっているもの……？　もうおカネは十二分にあるわけだし、おカネで買えるものはだいたい買えますよね。となると何だろう。あ！「愛」とか？

金じぃ わはは、当たらずとも遠からずかもしれん。**世界のカネ持ちがもっとも欲しがっているもの、それは「安全」じゃよ。**モナコという国には世界中からカネ持ちが集まっているのを知っているかのう？　なぜなら、長崎県にあるハウステンボスが2個分という小さなモナコには、200メートルごとに警察が立っている。だから、ダイヤのネックレスを付けて街中を歩けるほど安全なんじゃ。これくらい警察機能が行き届いていない国では、豪邸に住むカネ持ちは猟銃《りょうじゅう》をもっているのが当たり前じゃ。強盗《ごうとう》が入ってきたら、撃《う》ち殺せるようにな。

ボク うわあ、恐ろしいですね……。

金じぃ 世界中のカネ持ちがモナコに移住してまでも欲しいもの、あるいは、みずから武装しなくていいように確保したいもの、それが「安全」なんじゃ。**それが日本では、当たり前のものとなっている。**どうじゃ？　ちなみに「交番」は、日本の治安のよさを象徴するものとして、世界でも「KOBAN」と呼ばれておる。その交番を運営するのも、もちろん税金じゃ。

ボク そうか、日本では当たり前の安全は、世界では当たり前じゃないのか……。

税金は「奪われるもの」ではない

金じぃ　安全は一例に過ぎんぞ。さっき挙げた水道も道路も医療も、まったく当たり前ではない国はゴマンとある。**お前さんの給料から天引きされたカネは、そんな日本の当たり前を保つために使われているんじゃ。**

ボク　そういわれてみると、ちょっと見方が変わってくるなあ。でも……。ボクが払っている税金なんて微々たるものですけど、おカネ持ちは莫大《ばくだい》な税金を払ってますよね？　しつこいようですけど、それは理不尽だって思わないんですか？

金じぃ　思うはずがなかろう！　**より多く税金を払うというのは、より多く自分が住む国や自治体に寄与できるということじゃ。**幸せなカネ持ちならば、理不尽と思うどころか、喜んで払うところじゃよ。

ボク　そうなのか。やっぱりスケールが違いますね……。たかだか安月給から引かれたくらいで、腹を立ててちゃいけないんだ……。

金じぃ そう落ち込むでない。彼らは彼ら、お前さんはお前さんじゃ。収入があまり高くないからこそ、引かれた分が痛いと感じてしまうんじゃろう。

ボク そうなんです……。

金じぃ ただ、税金をイヤイヤ納めるよりも、喜んで納めたほうが、財布のサイズは大きくなるぞ。「税金は奪われるものではない、みんなが享受《きょうじゅ》している当たり前のために使われるものなんだ」と、そんなふうに捉えて、ちょっと胸を張れるようになるとよいな。

ボクの学びメモ ⑯

- □ **この国に暮らすメリットは、たいてい税金で賄われている。**
- □ **税金を払うことで、自分は「当たり前の暮らし」を支えているんだ！**

CHAPTER. 5

おカネに長〜く愛されたい！

ほれ、「その考え方」が、カネの入り口を狭くしてるんじゃよ

仕事に苦労はつきもの？

金じぃ 今までは、カネの出し入れのうち、出ていくほう——使い方のマインドを話してきたが、そろそろ入ってくるほうの話に移ろうかのう？

ボク おお、待ってました！

金じぃ では、まず聞くが、お前さんにとってカネとは、どうやって懐《ふところ》に入ってくるものじゃ？

ボク そりゃ決まってます。おカネは、一生懸命、働いて入ってくるものです。正直、仕事が楽しいとは言い切れないし、イヤなこともたくさんありますけど、仕事に苦労はつきものだから仕方ありません。

金じぃ なるほど。お前さんにとって、カネは苦労と引き換えに入ってくるもの。そういう

ことでよいかな？

ボク　苦労と引き換え……まあ、そうですね。実際、理不尽な上司に耐《た》えたり、面倒な取引先と付き合ったり、仕事は苦労ばかりですよ。でも、全部給料のためと思ってがんばってます！

金じぃ　ふむ。となると、そこから話を始めなくてはいかんな。よいか、はっきりいうぞ。**じつは「カネは苦労と引き換えに入ってくるもの」——その考え方が、カネの入り口を狭くしてしまっているんじゃよ。**

ボク　え！　でも勤労は美徳、額に汗して働くことは美しいというのは常識じゃないですか？　だからボクは、苦労してこそ、おカネを受け取る資格がある、くらいに思っていたのに、それがおカネの入り口を狭くしているなんて……！

金じぃ　もちろん、一生懸命、働くのは尊いことじゃ。だが、それが行き過ぎて「カネは苦労と引き換えに得るもの」と考えていると、カネが入ってきづらくなるブロックがかかってしまうんじゃよ。**まず、「苦労して手に入れたものだ」と思えば思うほど、手放しづらくなるんじゃ。**

ボク たしかに、「どれだけ苦労して稼いだと思ってるんだ、おいそれと使ってなるものか！」なんて思うことがあります……。でも、そうすると、喜びとともに使うとか、感謝して使うとか、ラク～に使うとか、今まで聞いてきたような理想的なおカネの使い方ができなくなってしまいますね……。

金じぃ そのとおりじゃ。そして、自分は苦労と引き換えにカネを得ていると思うと、世の中の人たちも苦労と引き換えにカネを得ていると思いこんでしまう。すると今度は、カネを受け取りにくくなってしまうんじゃ。

ボク ああ！　ここでも自己投影が働くってこと……？

金じぃ そうなんじゃよ。**「自分は、苦労と引き換えに得ているカネを安易に手放したくない」→「自分がそうなのだから、きっと世の中の人たちも、苦労と引き換えに得ているカネを安易に手放したくないであろう」→「それを自分が受け取るのは申し訳ない」という具合にな。** それでカネの入り口が狭くなってしまうんじゃ。

ボク 自己投影の作用は、それほど強いものなんですね……。

「生活のために働く」のをやめる

金じぃ　しかも、苦労とカネが結びついているというのは、「たくさんのカネ＝たくさんの苦労」を意味する。だが、誰だって苦労は、なるべくしたくないはずじゃ。**だから、いくらカネが欲しくても、一定以上の苦労を避けたいばかりに、収入が制限されてしまうんじゃよ。**

ボク　なるほど……。おカネはたくさん欲しい、でも苦労は「ほどほど」にとどめたい。だから、おカネの入り方も「ほどほど」になってしまう――そんなメンタルブロックもあるんですね。

金じぃ　そういうことじゃ。うむ、だいぶ理解が早くなってきたのう。というわけで、**苦労とカネを結びつけて考えていると、自分では無意識のうちに、ワシらおカネを遠ざけてしまう場合が多いんじゃ。**

ボク　じゃあ、どう考えたらいいんですか？　おカネと苦労を結びつけて考えていると、おカネの入り口が狭くなってしまうってことは……？

金じぃ そうじゃなぁ、**カネは働いて得るものであり、働くことが楽しくてたまらない、というのが理想じゃな。**だが、それが難しい人は多いようだのう。お前さんも、仕事が楽しいとはいえない、とボヤいておったな。

ボク はい、ものすごくイヤなわけではないけど、ワクワクできないというか、やりがいを感じられないというか……。せめて、もう少し楽しかったらいいなと思うんですけど。

金じぃ ほう。より楽しく働きたい、とな。では聞くが、お前さんは、何のために働いているんじゃ？

ボク 何のためって、そりゃあ生活のためですよ。親が資産家とかでもない限り、働かなくては食っていけない。みんなそうじゃないんですか？

金じぃ なるほど。生活のために働かなくてはいけない。働くことには苦労がつきものだ。つまり生活のためには、苦労してでも働かなくてはいけない……と、こういうことじゃな？　ということは、「生活のために働かなくてはいけない」をなくせば、「カネ＝苦労」というのもクルリと逆転できるのではないかのう？

ボク　「生活のために働かなくてはいけない」をなくす？　いったいどうやって？

金じぃ　簡単じゃ。**働くのは生活のためではなく、「自分の幸せのため」と考えればいいんじゃよ！**

ボク　いやいや、ぜんぜん簡単に思えませんけど……？

今の生活に、より多くの幸せを見出せばいい

金じぃ　いいや、簡単なんじゃよ。思い出してみい、そもそもカネとは何じゃ？

ボク　おカネは使えば使うほど自分がトクをするもの。魔法の杖。だから……？

金じぃ　そうじゃ。**カネを使うとトクをする、ということは、カネはお前さんの幸せを叶えるものじゃ。そんな魔法の杖は、働くことで手に入るのだから、つまり働くことは幸せのため、とはいえんかのう？**

ボク　なるほど……。捉え方一つで、ずいぶん意識が変わるものですね。生活のためではなく、幸せのため。でも、働いて得たおカネを生活に使うのは違いないわけで。ということは、つまり、生活すること自体が幸せだったら、働くのは幸せな生活のため、と思えそうな……？

金じぃ ようういうた！　それが重要なんじゃ。**今の生活の中に、より多くの喜びや快《こころよ》さを見出してみい。**ここでも「幸せのハードル」を下げて、「当たり前」に感謝するんじゃや。すると何てことのない日常の幸せ度が上がり、その幸せのために働いているんだと思えるようになるじゃろう。働くことが、前より楽しくなるはずじゃ。

ボクの学びメモ⑰

- □「おカネは苦労と引き換えに入ってくるもの」と思っていると、おカネが入ってきづらくなる。
- □「働くのは、日々の幸せな生活のため」と捉え直すと、「おカネ＝苦労」を逆転できる。そのためには「幸せのハードル」を下げて、何てことない日々の生活にも幸せを見出すこと！

「やりがい」にも、意外な落とし穴があるぞ

「自分にしかできない」と思うと、苦労がついてくる

金じぃ 「幸せのハードル」を下げて、日々の生活が幸せだと思えれば、「生活のために働く」を「幸せのために働く」に転換できる。これは理解できたな？

ボク はい。ただ……、思い切って聞きますけど、そうなると仕事のやりがいって、どうなりますかね？　ボクはもっと、やりがいを感じて働きたいんです。

金じぃ ほう。ではお前さんにとって、やりがいとは何じゃ？

ボク やりがいっていうのは、たとえば、「自分にしかできない仕事をしている」「それをすることで人の役に立っている」っていう充実感ですよ。そうしたら、すごくやる気が出ると思うんです。

金じぃ ふむ。**自分じゃないとできないことがある、だから求められてるんだと実感したい、ということじゃな。それを「自己重要感」と呼ぶ。**お前さんだけでなく、自己重要

感がほしくて働いている人は多いんじゃ。

ボク　自己重要感——自分は重要なんだと感じるっていうことですね。まさにボクが感じたいのも、それだと思いますけど……、あまりよくないことなんですか？

金じぃ　人の役に立ってる、人から求められてる、そんな自分を実感することが仕事の喜びにつながる、というのは事実じゃよ。その喜びを「やりがい」と呼んでもよかろう。**だが、自己重要感には一つ厄介な側面があってのう。何かというと、自己重要感を得たいばっかりに、苦しくても耐え忍んでしまうことが多いんじゃ。**

ボク　自己重要感のためには、苦労するのも仕方ないと……。あれ、それじゃあ、「おカネは苦労と引き換えに得るもの」という考え方に逆戻りじゃないですか！

金じぃ　そのとおりじゃ。そう思うとバカげているように見えるかもしれんが、多くの人が、無自覚のうちに、この落とし穴にはまってしまうんじゃ。

カネを引き寄せるのは、「素直に人に頼れる人」

金じぃ たとえば「この仕事は自分以外にできる人がいないから」と無理な残業をしてしまう――お前さんにも覚えがないかな？

ボク あります！ ついこの間も「このデータは自分が集計したから、自分じゃないと活用できない」って思って、夜中までかかって報告書を作成しました。チームで動いていたから、ほかのメンバーに任せてもよかったんですけど。

金じぃ うむ、やはりな。それは「自分にしかできないから」と仕事を全部背負うことで、自己重要感を得ようとしたんじゃよ。そもそも自己重要感などどうでもよければ、何のためらいもなく、人に任せられたのでないかな？

ボク たしかに……そうかもしれません。

金じぃ **自己重要感を得たいがために、苦労してでも一人で抱えこんでしまう。素直に人に頼ることができない。これこそが自己重要感の落とし穴じゃ。そして、この落とし穴にはまってしまうと、じつはワシらを遠ざけることになってしまうんじゃよ。**

ボク おカネは苦労と引き換えだから、「自分が苦労して得たおカネは手放したくない」、そして「人が苦労して得たであろうおカネを受け取るのは申し訳ない」という例の悪循環ですよね？

金じぃ それもあるが、ほかにもあるぞ。どれほど優秀な人でも、一人でできることなど、たかが知れておる。これは、自分一人の力で得られるカネはたかが知れている、ということじゃ。**自分一人という限界を越えて、より多くのカネを引き寄せるには、一人で背負い込まず、人の力を躊躇《ちゅうちょ》なく借りられるマインドが必要なんじゃよ。**

ボク ははあ、なるほど。おカネ持ちになるには、自己重要感にとらわれないほうがいいのか……。

金じぃ そういうことじゃな。**自己重要感とは、「自分にしかできないことがあるから、ここにいられる」ということ。裏を返せば「自分にしかできないことがなくては、ここにいてはいけない」ということじゃ。**つまり、その場にいる価値を失うことを恐れているんじゃよ。となると、自己重要感にとらわれないためには、何が必要かのう？

ボク 自己重要感は、自分にしかできないことをすることで、人から求められているという感覚だから……。これにとらわれないためには、自分にしかできないことがなく

「自己重要感」はおカネを遠ざける

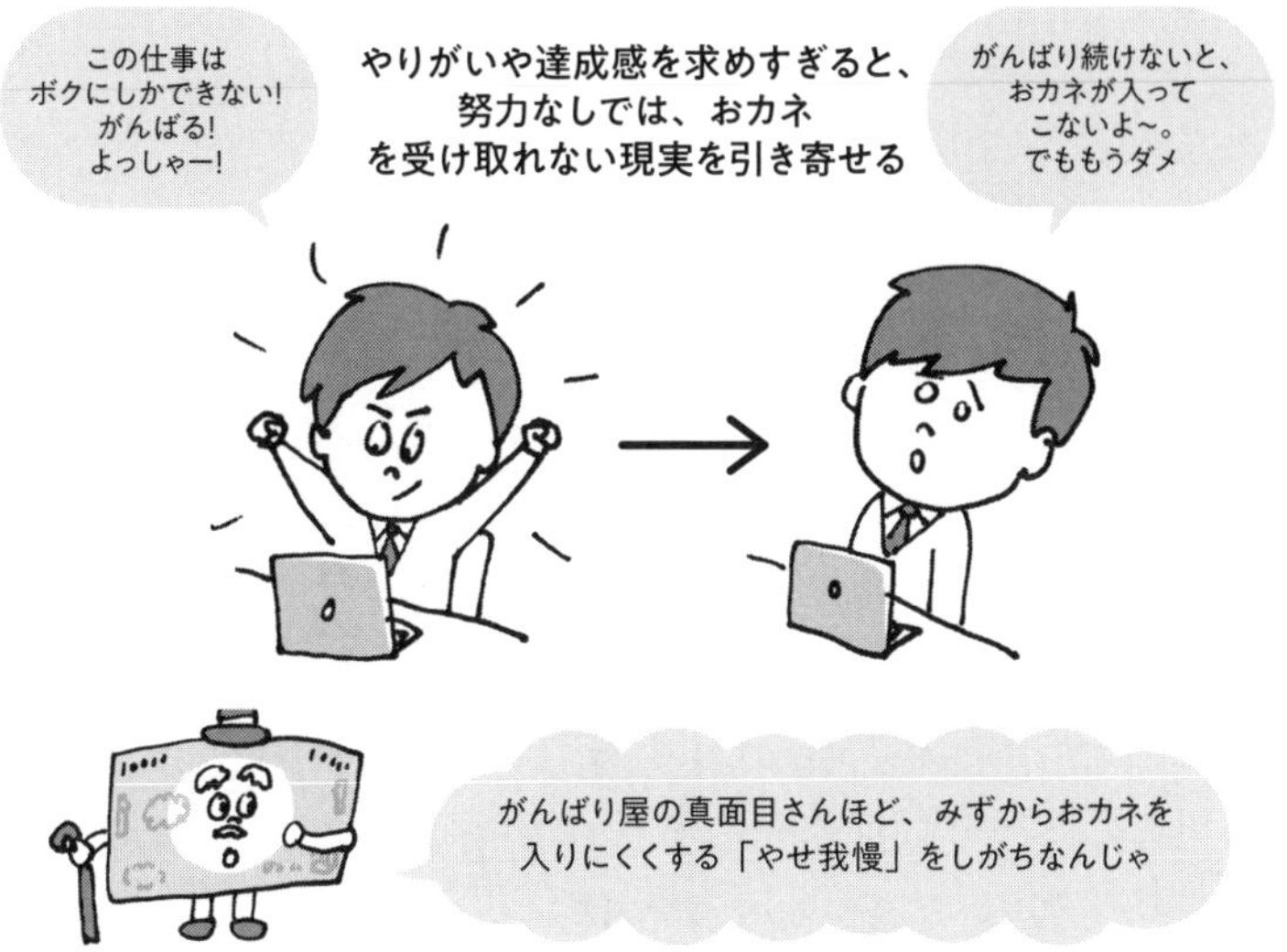
この仕事は
ボクにしかできない!
がんばる!
よっしゃー!
やりがいや達成感を求めすぎると、
努力なしでは、おカネ
を受け取れない現実を引き寄せる
がんばり続けないと、
おカネが入って
こないよ〜。
でももうダメ
がんばり屋の真面目さんほど、みずからおカネを
入りにくくする「やせ我慢」をしがちなんじゃ

てもいい、人から求められなくてもいい、そう思えってことですか？

金じぃ いってしまえば、そういうことなんだが、だいぶ抵抗があるようじゃのう？

ボク うーん。わかるような、わからないような……。それだと、仕事の喜びまで失われてしまいそうです。働くのは自分の幸せな生活のためだけど、やっぱり誰かの役に立っているとか、そういうやりがいは感じたいなあ。

金じぃ なんじゃ、それなら簡単じゃ。その仕事を通じて、自分はどれだけ誰かを喜ばせているのかと考えてみればいいんじゃよ。

じつは、それを次に話そうと思っていた

んじゃ。

ボクの学びメモ⑱

□人は「自分にしかできない」という自己重要感を求めている。ただし、求めすぎると、何でも自分一人で背負い込んで、苦労を耐え忍ぶマインドになってしまう。

□自分一人でできることは、たかが知れている。だから、素直に人に頼れる人のほうが、おカネに恵まれやすい。

「誰かを喜ばせていること」を、もっと実感せい！

もっと喜ばせて、もっと受け取っていい

金じぃ　どんな仕事でも、必ず誰かの役に立っている。誰かを喜ばせている。お前さんは、そのことをちゃんと自覚しておるのかのう？

ボク　それは……、わかっているようで、あまり実感できていなかったかもしれません。

金じぃ　物々交換を思い出してみい。物々交換では、相手と直に取引するから、相手の喜ぶ顔が見えるのう。ところが現代は、自分が提供しているものやサービスを受け取る相手の顔が見えない仕事も多い。**だから、誰かを喜ばせているという実感も薄れがちなんじゃ。だが、やっていることの本質は物々交換と変わらんのじゃよ。**

ボク　物々交換のように相手が目の前にいないだけで、世の中の誰かしらが、ボクの仕事を受け取って喜んでいるんだ……。そう思うと、どんな仕事にも価値があるって思えて、やりがいが生まれますね。

金じぃ　それだけではないぞ。**自分は、その仕事を通じて誰かを喜ばせているんだと実感すればするほど、カネを受け取る自分にオッケーが出せる。すると財布のサイズが大きくなる——カネを受け入れる器が大きくなるんじゃ。**

ボク　誰かを喜ばせている、だから、もっと喜ばせて、もっと受け取ってもいいって思えるようになるのか……。

金じぃ　そういうことじゃ。たとえば人を騙して儲《もう》ける人は、結局財産を築くことができない。大金を稼いでも、そっくりそのまま出ていってしまうことが多いんじゃ。それがなぜかといえば、自分でも悪いことをしている自覚があるからじゃよ。心の底では「そんなことで本当はカネを受け取ってはいけない」と思っている。「自分は、そんな悪いことをしてカネを受け取っている人間なんだ」と、自分を傷つけているともいえるじゃろう。そういう人のところはワシらも居心地が悪くてのう……。

ボク　だから、おカネが入ってもすぐに出ていってしまうんですね。

金じぃ　そうなんじゃよ。それに、一人を騙したら、その周辺では信用されなくなるから、別の場所に移らなくてはいけない。そこでも人を騙したら、また信用されなくなって別の場所に移動し……という繰り返しになるが、そんなの早々に限界に達してしまう。そんなことで、カネの入り口が広くなるはずがないんじゃ。

初心を思い出させてくれるものを携帯する

ボク　喜ばせないということは、信用されないということだから、おカネも入ってこない……と？

金じぃ　そうじゃ。だが想像してみい。**「誰かを喜ばせた対価だ」と思ったら、そのカネを財布に入れるのも、うれしいじゃろ？　そういう人の財布は居心地がいいもんでな、ワシらも仲間を引き連れて戻りたくなるんじゃ。**人を喜ばせていると実感できたら、もっと喜ばせたくなるのが人情じゃ。そして人を喜ばせる人は、おのずと周囲から信用され、商売が広がる。だから、流れ込んでくるカネも、当然、多くなるんじゃな。

ボク　そうやっておカネの入り口が広がり、おカネの流れがよくなるんですね？

金じぃ　うむ。そういえば、あるカネ持ちもいっておったぞ。「1人を喜ばせると、2人も3人も、5人も10人も100人も喜ばせたくなる。そうやっておカネって無尽蔵《むじんぞう》に増えていくんだ」とな。だから、お前さんにも、仕事を通じて誰かを喜ばせているんだということを、もっと実感してほしいんじゃ。

ボク　そういえば、仕事を始めたてのころは実感できていた気がします。初めて契約が取れたときも――それは誰でもできるような小さな契約だったけれど、「お客様の役に立てた！」って思ったし、初任給が入ったときもうれしかったっけ。でも、その後すぐに忙しくなってしまって、いつの間にか何も感じなくなっていた……。

金じぃ　そうかそうか。ならば、そのころの気持ちで、また働けるとよいな。「初心忘るべからず」ともいうじゃろう？　**そうじゃ、何か初心を思い出させてくれるものを、身近に置いておくのもよいぞ。**

ボク　初心を思い出させてくれるものか。そうだ、初任給の額が記帳された通帳なら、どこかに残ってるかもしれない。それに、初めて成約できたお客様からのお礼メールは、メールボックスを遡《さかのぼ》れば見つかるな。プリントアウトして、手帳に挟んでおきます！

ボクの学びメモ ⑲

□どんな仕事にも価値がある。自分の仕事が、世間でどんなふうに役立っているか、いかに人を喜ばせているかを自覚する→これが「やりがい」につながる！

□初めて「自分の仕事が人を喜ばせた！」と実感できたときのものを持ち歩く。

自分を「最高値」で売る方法を教えるぞ

「付加価値」は必須ではない

金じぃ　働き方、仕事との向き合い方については、これくらいでよかろう。では次にいくぞ。今から話していくのは、自分の価値をさらに高める方法――自分が最高値《さいたかね》で売れるようにしていく方法じゃ。まず重要な前提として、お前さんは「誰にもできないことをしているから価値がある」というわけではない。この点はよいな？

ボク　はい。大丈夫です。「誰にもできないこと」に自分の価値を置く、それはそれで素晴らしい一面もあるけれど、それだけに価値を置いてしまうと、すべて自分で背負い込んで、無用の苦労も買って出るようになってしまう。「一人で背負い込む＝自分の価値を守ること」だから、人に素直に頼ることもできない。結果として、おカネの入り口が狭くなってしまう……ということですよね？

金じぃ　うむ、よく飲み込んでおるな。というわけで、今から話していくのは、「自分の価値を高める」といっても、ほかにはない価値を付加するとか、差別化するにはどうしたらいいか、という話ではないぞ。
いってみれば、**今のままの自分でありながら、周りがもっと高く自分を買ってくれる、そんな流れを作っていくという話じゃ。**

ボク　それ、めちゃくちゃいいじゃないですか！　早く聞かせてください……！

自分で感じている「自分の価値」を上げればいい

金じぃ　うむ。自分が最高値で売れるようになる。そのためにやってみてほしいことは二つじゃ。**一つは、本当に欲しいものを買う。それも定価で買うんじゃ。**

ボク　本当に欲しいものを定価で買う……。じゃあ、セール品を衝動《しょうどう》買いするなんて、もってのほかですね。

金じぃ　本当に欲しいものを買うことの意味は、自分で感じている自分の価値を上げることじゃ。**セール品を衝動買いするのは、自分の価値を低く見積もっている現われなん**

じゃよ。

想像してみぃ。すごく素敵な憧《あこが》れの人に、たまたま衝動買いしたセール品を贈るなんてことは、考えられないじゃろ？　**それと同じく、すごく素敵な自分に何を贈るか……そういう発想で買うものを選んでほしいんじゃ。**

ボク　でも、衝動買いは心がときめいたってことだから、素敵な自分に、ときめいたものを贈ると考えれば、別にいいんじゃないですか？

金じぃ　そこは注意が必要なんじゃよ。たしかに、たまたま出会ったものに心が動いて、衝動買いすることはあるじゃろう。だが問題は、買ったあとじゃ。**買ったあとも、それを目にするたび、手に取るたびにうっとりできるものならば、それは自分にとって正しい買い物だったということじゃな。**

だが、買ってすぐに、ときめきが消えてしまったら、それは、自分にとって正しい買い物ではなかったということなんじゃ。この点を勘違いしている人も多いようじゃのう。

ボク　そっか。ずっと愛せるものを自分に買い与えることが大事なんだな……。

金じぃ　うむ、そう考えるとよいな。**「ずっと愛せるものを自分に買い与える」＝「自分という存在を、ずっと愛される存在として認めること」といってよかろう。**

ボク　そういうことか！

「節約」すると、自分も節約されてしまう

ボク　じゃあ定価で買う、というのはどういうことなんですか？　ボクは、おカネを大事にするために、価格比較サイトとかも参照して、なるべく安く買うようにしてきました。安く買えるとうれしくて、「これ、定価の半額で買ったんだよ！　すごいだろー！」って自慢したり……。

金じぃ　わはは。世の中を見ていても、そういう人は多いのう。ワシとて、節約のすべてを否定しているわけではないんじゃ。**だが、自分が安く買うクセが強いと、不思議と自分のことも安く買わせてしまうようになるんじゃよ。**

ボク　そうか、おカネの出し方と入り方は表裏一体だから……！

金じぃ　そうじゃ！　よく覚えておったのう。お前さんが今いったとおり、出し方と入り方は表裏一体じゃ。だから、自分が人の売り物に対して節約志向が強いと、人も自分の売り物に対して節約志向が強くなる。**「人の仕事を安く買う」と「自分の仕事を安く売る」も表裏一体というわけじゃ。**

ボク　ということはつまり、まず自分が定価で買うクセをつければ、いずれ自分を定価で買ってもらえるようになる……？

金じぃ　そのとおりじゃ！

航空券を定価で買ったら、いい仕事が舞い込んだ話

金じぃ　そういえば前に、こんな若モンがおったわい。彼は、バックパッカーとなって世界中を渡り歩いた後に、父親の会社を継《つ》いで、多額の借金を返済したうえに、ビジネスを再起させた。その時点で、すでに相当な収入になっていた。だが、ワシには、どうも伸び悩んでいるように見えたんじゃ。というのも、彼は、俗

にいう「買い物上手」でのう。1200万円のクルーザーを100万円で競《せ》り落としたり、新車なら800万円はする外車を中古で127万円で買ったり……と、とにかく高額なものを格安で買うことに長《た》けておったんじゃ。

そんなあるとき、彼はハタと気づいた。**「おカネがなかったバックパッカー時代のモードを引きずって、おトクに買うことを無上の喜びにしてしまっている。これでいいんだろうか？」「両親も祖父母も倹約家だったために、心の奥底に、贅沢《ぜいたく》を堂々とすることへの罪悪感があるんじゃないか」**となる。

そして、思い切ってファーストクラスの航空券を、割引価格になる世界一周旅行やマイルなどのおトクな買い方ではなく、航空会社が表示している値段で買ってみたんじゃ。やってみたら、意外なほど淡々とできたようじゃった。すると、その直後に、今までになかった好条件の仕事が立て続けに入ったんじゃ。それも大騒《おおさわ》ぎせずに、淡々と受け入れることができた。さも当たり前のようにな。

ボク

へえ！　当然のように高額なものを定価で買ったら、当然のように自分も買い叩《たた》かれず、高く買ってもらえるようになったということ？

「自分を安売りしない」をやってみよう

特売で安く買うぞ〜!

というマインドの人は……

あなたの仕事、もっと安くしてもらえませんかー?

自分を安く見せがち、安く見られがちになる
OG STORE 激安SALE!

自分のために、素敵なものをいい値段で買うぞ〜

というマインドの人は……

自分に見合う報酬を受け取っていいんだ〜!

自分を安売りせず、好条件の仕事も舞い込みやすくなる
自分のために、ちゃんとおカネを使えると、自分のために、ちゃんとおカネを使ってもらえるようになるんじゃよ

金じぃ　うむ。この若モンの例は、とてもわかりやすいじゃろう？　**要するに、トクな買い物をすることが上手になると、自分をトクに見せて、値引いて売ることも上手になってしまうんじゃ。**「高価なものを安く買うべし」は、「高価な自分を安売りすべし」ということだからのう。

この若モンは、バックパッカー時代のモードを引きずっていたこと、贅沢をすることに罪悪感があったことに気づけたことで、「値引かずに買うこと」にオッケーが出た。**すると、「値引かないで売れる自分」にもオッケーが出たんじゃ。**

だから、それまではなかったような好条

ボク

件の仕事が舞い込むようになったんだ……。すごいな！

「素敵な自分」を自覚する

金じぃ 節約グセをゆるめて、心の底から欲しいものを定価で買うようにすれば、お前さんにも同じような変化が起こるはずじゃ。人に心の底から求められて、しかも定価で買ってもらえるようになるじゃろう。

ボク そんな変化が起こるといいな。そのために、素敵な自分に、ちゃんと選び抜いた「本当に欲しいもの」を、定価で買って贈るようにすればいいんですね。でも、「素敵な自分」なんて言っちゃって、うわ、すごく恥ずかしい……。

金じぃ **その照れをなくすことも重要じゃ。**照れが感情にブレーキをかけ、思考にブレーキをかけ、そして現実にブレーキをかけてしまうからのう。**照れがあるなら、「もう～、自分ってなんて素敵なんだろう！」と、バカっぽくつぶやいてみるとよいぞ。**すると、言葉がダイレクトに心に響いて、感情から変えていくことができるじゃろう。

ボク　口に出すこと自体、恥ずかしいけど、だんだん慣れていけばいいんですよね。やってみます！

スキあらば「感謝＆感動」

金じぃ　うむ。おお、そうじゃ、もう一つを忘れてはいかん。自分が最高値で売れるようになる、そのためにやってほしいこと、その2じゃよ。**それは毎日の生活の中で、スキあらば感謝＆感動することじゃ。**

ボク　感謝＆感動ですか？　前に感謝の話は聞きましたけど……。

金じぃ　カネを使うことに喜びと感謝を感じると、カネを使うことへの不安や恐怖がなくなる、という話じゃったな。ここでは、また少し違う視点で感謝の効能を話しておきたいんじゃ。といっても単純な話なんじゃが……。

何かに感謝するとは、何かの素晴らしさに気づき、噛みしめるということじゃ。そして改めて見渡して見ると、お前さんのまわりには素晴らしいことがあふれておる。

その素晴らしさに気づき、噛みしめると、お前さんの素晴らしさも勝手に気づかれ、噛みしめてもらえるようになっていくんじゃ。結果として、周りにとってのお前さんの価値が上がるんじゃよ。

ボク　身のまわりの素晴らしさに気づき、噛みしめる……。**そうか、ここでも「幸せのハードル」を下げることが大切なんですね？**

金じぃ　そうじゃ！　たとえば、周りの人がやってくれること、日々、目にする風景の美しさ、当たり前のように受けている行政サービス……。「幸せのハードル」を下げてみると、お前さんの生活は、なんと素晴らしいものであふれていることか！　その一つひとつに、ちゃんと気づいて、「ありがたいなあ」「すごいなあ」と感謝&感動してみぃ。**そうすればするほど、今度は、自分が周りの人たちから感謝&感動されるようになる、というわけじゃ。**

ボクの学びメモ ⑳

□ 買い物は「素敵な自分」への贈り物！　だから「本当に欲しいもの」を「定

価」で買う。すると自分で感じている「自分の価値」が上がり、周りが自分を高く買ってくれるようになる！

□ 本当に欲しいものとは、買ったあとも「ときめき」が続くもの。

□ 「もう～、自分ってなんて素敵なんだろう」とバカっぽくつぶやく。心に響かせることが大事！

□ 周囲の素晴らしさを気づき、一つひとつを噛みしめる。すると周囲が自分の素晴らしさに気づいてくれる！

なに？「稼いでから使う」じゃと？

もしカネがあったら、何に使う？

金じぃ　さて、ここで、そもそもの話になるが、お前さんは、いずれカネ持ちになりたい。そうじゃな？

ボク　わ、すごく露骨《ろこつ》にいえば、そういうことですが……ダメですかね？

金じぃ　いやいや、けっこうなことじゃ。だが一つ聞きたいことがある。**カネがあったら、お前さんは何がしたいのかのう？**

ボク　何がしたいかって……。そういえば、あまり考えたことありませんでした。漠然と、もっとおカネがあったらいいのにな〜って思ってたんですが……。

金じぃ　そうか。世間でも、よくいわれておるな、「カネは手段であり、目的にしてはいけない」と――これは真実じゃよ。

ボク　ただ、「おカネ持ちになりたい」じゃなく、「何のためにおカネ持ちになりたいのか」を考えろ、ということですか？

金じぃ　そうじゃ。といっても、そう大げさに考えなくてもよいぞ。**もし、今より、もっとカネがあったら、何に使うだろうかと考えてみればいいだけじゃ。**

ボク　そうですねえ。今は別に思いつかないし、ありもしないおカネの使い道を考えるなんて、捕らぬタヌキの何とやら……で、ダサくないですか？

金じぃ　ほう。ならば、お前さんはカネが入ったら使い道を考えればいいと、そういうことかの？

ボク　はい。それじゃいけないんですか？

金じぃ　ダメとはいわんが、もったいないのう……。

「目的」のあるところに、カネは集まりやすい

金じぃ　**というのも、先に使い道が決まっているところに、ワシらは集まる習性があるんじゃよ。**一つ例を出そう。お前さんたち人間は学生——たとえば高校生くらいだと、まだ自由になるカネは少ないな？

ボク そうですね。アルバイトはできる年齢ですけど……。

金じぃ にもかかわらず、欲しいものができると、どうにかしてカネを工面《くめん》してしまう……

そんな経験はないじゃろうか？

ボク そんなことあったかな？　あ、そういえば高校のときの同級生は、バイクが欲しくて、ボクら以上にアルバイトをがんばってました。たしか、バイト先の店長が感心して、こっそりボーナスくれたって話してたっけな……。それでも足りない分は、たしか、おばあちゃんに援助してもらって、けっこうすぐにバイクを買えてたんです。うらやましかったなあ……。

金じぃ それじゃ！

ボク え……？

金じぃ 稼いでから使い道を考えるのもいいんだが、それだと、自分でがんばって得られるカネしか入ってこんじゃろう。**しかし、「これが欲しい！」「こんなことやりたい！」と明確に願っている人は、自然と、自分でがんばれる範囲以外のところからも、カ**

「どうしておカネが欲しいのか」を明確にしよう

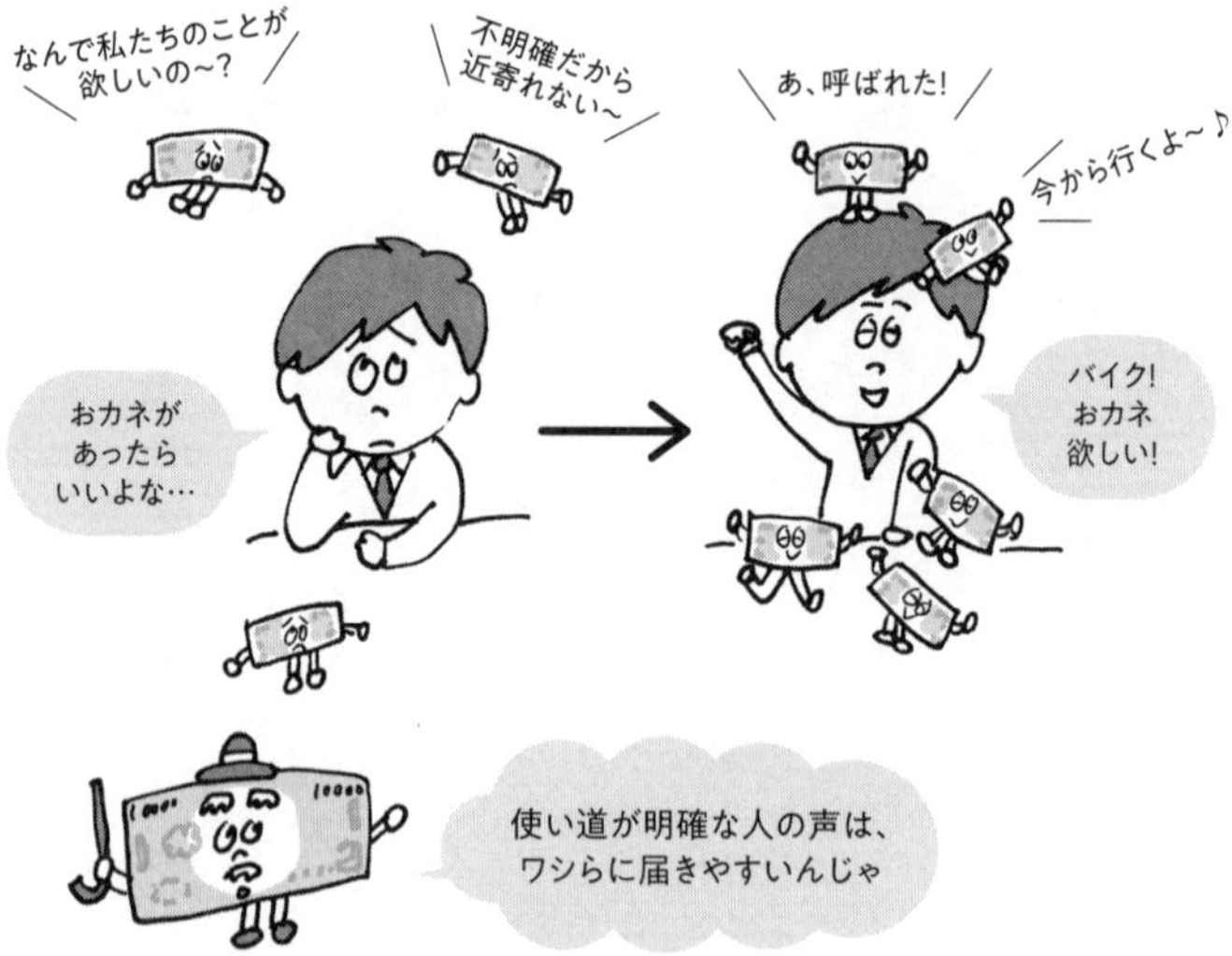

なんで私たちのことが欲しいの～?
不明確だから近寄れない～
あ、呼ばれた!
今から行くよ～♪
おカネがあったらいいよな…
バイク! おカネ欲しい!
使い道が明確な人の声は、ワシらに届きやすいんじゃ

ネを引き寄せる力をもつんじゃよ。
想像してみい。お前さんに経済的な余裕があるとして、ただ「おカネください」といわれるのと、「どうしてもこれが欲しいので、おカネください」とか「どうしてもこれをやりたいので、おカネください」といわれるのと、どちらのほうがカネをあげたくなるかのう?

ボク そりゃあ、目的がはっきりしている人のほうですね。応援したいし……。

金じぃ そうじゃろう? ワシらも同じなんじゃ。

ボク だから、先に使い道を決めておいたほうが、手っ取り早くおカネが集まるようになる……と?

金じぃ うむ。ワシらは、前向きなエネルギーが大好きじゃ。カネがあったら「これが欲しい」「こんなことやりたい」と思っている人、つまりカネを手段として見ている人は、前向きなエネルギーに満ちておる。彼らは使うためにカネが欲しいわけで、カネを溜め込んで、ワシらの流れを止めようとは、ツユほども考えておらんからのう。

ボク そうか、ここでも、おカネはつねに流れているという話なのか……！

金じぃ そうじゃ。**ワシらはつねに流れておる。もっといえば、流れていたいんじゃ。だから、カネを手段として見ている人——使う前提、流す前提でカネを欲しがっている人のところにワシらが集まるのは、もはや自然の摂理《せつり》といってもよかろうな。**

ボク 自然の摂理ですか！　だったら、今よりカネがあったら、何をしたいか、ちゃんと考えておいたほうがよさそうですね。

金じぃ うむ。カネは稼いでから使うのではない。稼ぐ前から使うことを考えておくんじゃ。あんなことしたい、こんなものが欲しい……と自由に妄想できる素直な心のところに、カネは集まるものなんじゃよ。

ボクの学びメモ㉑

□ おカネの使い道を先に考える。なぜなら、おカネは手段であり、「あれがしたい！」「これが欲しい！」という目的があるところに集まりやすいから。

□ 目的がある人は、不思議と、自分一人で得られる以上のおカネを引き寄せる。

「キラキラのダム」を作ってみい

貯金のためにがんばらないこと

ボク 金じぃ、質問があるんですけど……。おカネを引き寄せるマインドになれたら、当然、おカネを貯めることもできますよね。貯金はいいことなんでしょうか？

金じぃ もちろん、よいぞ。貯金は、いざというときのための蓄《たくわ》えだから、もし、予期せぬ出費があったとしても、ジタバタせずに済む。貯金があれば、カネが出ていく不安も、いっそう軽くなるじゃろう。**しかも、ワシらには仲間同士、呼び寄せるという習性があってのう。たくさんあるところに集まりやすいんじゃ。**

ボク じゃあ、貯金はいいことだらけですね。よし、がんばって貯金するぞ！

金じぃ 待て、待て。ただし、貯金には一つだけ注意点があるんじゃ。それは、「貯金しなければ」「そのために節約しなくては」「生活を切り詰めなくては」「もっと働かなくては」……などと、**貯金のためにがんばるのは避けたほうがいい、ということじゃ。**まさに今のお前さんみたいなのは、ちょっと要注意じゃな。

ボク　なんだ……。いいことだらけだったら、がんばりがいがあるかなと思ったんですけど。でも、なんでがんばっちゃいけないんですか？

金じぃ　単純な話じゃよ。もちろん楽しくがんばれるのなら、問題ない。だが「貯金のために節約しなくては」「切り詰めなくては」というのは、いってしまえば、自分を大切にしていないということじゃ。そもそも自分を大切にしていれば、切り詰めなくても成り立つ生活になるはずだからのう。

ボク　切り詰めなくても成り立つ生活って……？　自分を大切にしていると、切り詰めなくていいくらい、稼ぎが増えるんですか？

金じぃ　大切にしていると稼ぎが増えるというより、出費が減る場合が多いんじゃよ。たとえば、家賃が高い地域に住んでいるために、切り詰めなくては貯金できない——そんなギリギリな生活を自分にさせるのは、自分を大切にしていないということじゃ。自分を大切にしようと思ったら、切り詰めなくても貯金できるくらい、賃料が安い場所を選ぶはずじゃろう。

ボク　**つまり、自分が無理しなくてもいいように、ライフスタイルを見つめ直すことも大切ってこと……？**

金じぃ　これがすべての正解というわけではないが、一つの発想として重要じゃな。

無理するほどに、貯まりにくくなるメカニズム

金じぃ　しかも、切り詰めて貯金する人ほど、カネが貯まりにくいようになっておる。これも、貯金のためにがんばらないほうがいい理由じゃ。

ボク　がんばっても貯まりにくいなんて、そんなのイヤです……！

金じぃ　うむ。**がんばりはストレスにつながりやすく、そしてストレスとともに貯めたカネは、ストレスを帯《お》びるんじゃ。**これは、苦労して愚痴《ぐち》をこぼしながら働いたり、人を騙したり、人の恐怖感や不安を煽《あお》ったりしてカネを得ている人も同様じゃな。**そういうネガティブな感情とともにカネを得ていると、貯金にもネガティブな感情が残ってしまう。**いわば、貯金をダムとすれば、濁《にご》ったダムになってしまうんじゃ。

ストレスの反動で、パーッとカネを使いたくなる危険もあるのう。さっき、ワシらは互いに呼び寄せ合う習性があるといったが、ネガティブな感情が渦巻《うずま》いているところには、寄り付きたくないんじゃよ……。

ボク たしかにボクらも、暗い顔をしている人には、あまり近寄りたくありませんからね。それは、おカネも同じなんですね……。

金じぃ そうなんじゃ。わかってくれるかのう？

ボク はい。でも、そうすると結局、おカネをたくさん貯めるには、どうしたらいいんだろう。切り詰めなくていいライフスタイルを選ぶという以外に……？

貯金額は、自分が人を喜ばせた結果

金じぃ 喜びとともに働いているうちに、たくさんカネが入ってきて、強《し》いて貯金しようとがんばらなくても、自然にカネが貯まっていく。「こんなに幸せで満たされているうえに、カネがどんどん貯まっていくなあ」というのが理想じゃな。そういう人は

ボク　表情が明るい。ワシらも、ついつい引き寄せられるんじゃよ。

金じぃ　いいなあ。ということは、やっぱり、喜びとともに働くことが大事ってことですね。

ボク　おカネが貯まるのは、あくまでも結果でしょう？

金じぃ　そうじゃな。前に、誰もが仕事を通じて、必ず、どこかの誰かを喜ばせていると話したな？　それを実感すればするほど、カネを受け取る自分にオッケーが出て、流れ込んでくるカネも増えていく、と。そういう意味では、たしかにお前さんのいうとおり、貯金は結果じゃ。

ボク　やっぱりそうか！

金じぃ　**カネが貯まるというのは、つまり、お前さんが、それだけカネが貯まるほど、人を喜ばせたという証《あかし》なんじゃ。通帳を見るたびに、「こんなに人を喜ばせたんだな」「そんな自分って素敵だな」と思えたら、貯金というダムはどんどん輝いていく。**そんなキラキラのダムにこそ、ワシらは引き寄せられるということじゃ。

ボク　そう考えれば、通帳を開くたびにワクワクできそうです！

「使い切らない前提」で貯金する

金じぃ　おお、そうじゃ、それともう一つ、貯金についてアドバイスがあるんじゃよ。カネは自然に貯まるといっても、使い道が決まっていて、「いくら貯める」と目標を設ける場合があるかもしれん。だが……。

ボク　あ、ひょっとして目標も設けないほうがいいとか？　天井知らずにしておいたほうがいいから⁉

金じぃ　いや、目標を設けること自体はいいんじゃよ。だが、問題は、その額じゃ。たとえば、明確な使い道があって貯金をしているとする。だが、全部使い切ってしまうピッタリの額を目標にすると、あとあと苦しくなってしまうんじゃ。**要するに、使い切る前提で貯金をしないことじゃな。**

ボク　つまり、使い切らない前提で貯めていく。目標を設ける場合も、かなり余裕をもった額にする、と？　でも考えてみると、使い切らない前提って、ちょっともったいない気もしますけど……。だってせっかく自分で稼いだおカネを、使い切れないかもしれないわけでしょう？

金じぃ　うむ、ワシが伝えたいのは、そのケチな発想を取り払ってしまおう、ということなんじゃ。そのほうがずっと幸せでいられるからのう。使い切る前提だと、いつか本当に使い切ってしまうじゃろう。すると、使い切ったとたんに、「もう何もない！」という不安に突き落とされる可能性が大きい。だが、使い切れないくらいの貯金があれば、ずっと満たされたままじゃ。

ボク　そのほうがハッピーでいられるってことか……。

金じぃ　そうなんじゃ。ま、自然とカネが貯まっていけば、だんだんに、その境地も理解できるじゃろう。**まずお前さんは、喜びとともに働き、キラキラのダムを作っていくこと**、これじゃな。

ボクの学びメモ㉒

□ 貯金があるとおカネを失う恐怖が消える。

□おカネには、仲間を呼び合う習性がある。つまり貯金があると、ますますおカネが入ってきやすくなる！

□ただし、生活を切り詰めて貯金するのはNG。

□ストレスを感じながら貯めたおカネは、ストレスを帯びる。そしてストレスを帯びたおカネには、仲間が寄り付かない。

□理想は、「こんなに幸せなうえに、おカネが貯まっていく！」→そのためには、「人を喜ばせている自分」をもっと実感する。

□おカネは「使い切らない」つもりで貯めると、ずっと幸せでいられる。

CHAPTER. 6

どうやったら、「幸せなおカネ持ち」になれるんだろう？

なぜ「忙しい」のか、考えてみたことはあるかのう？

「忙しいほうが安心」という心理

金じぃ　さあ、そろそろワシの話もおしまいだが、最後に話しておきたいのは、「時間」の話じゃや。**カネの話から離れるようだが、じつは、時間とカネは切っても切り離せないもの**でな、これを話さずに終わるわけにはいかんのじゃや。

ボク　ボクは、仕事が忙しくて、うんざりすることもしょっちゅうです。もっと自分の時間があったらな〜っていつも思っている気がします。そんな感情を吹き飛ばして、幸せでいられるような時間の過ごし方があるのなら、知りたいですけど……そんなの、無理ですよね？

金じぃ　おお、そうか。いや、お前さんのいうことは不可能ではないぞ。たった今、お前さんは、仕事が忙しくてうんざりすることも多いといったな。ならば、そこから話を始めようかのう。お前さんは、なぜいつも忙しいのだろうかと考えてみたことがあるかな？

ボク　なぜ忙しいのかって、そんなの考えるまでもなく、仕事がたくさんあるから、ですけど……？

金じぃ　ふむ。ではもう一歩踏み込んで、なぜ、仕事がたくさんあるのかのう？

ボク　なぜ仕事がたくさんあるのか……？　そんなこと、考えたこともありませんでした。

金じぃ　そもそも仕事がたくさんあって、「超～楽しい！」「こんなに求められて、自分って愛されてるなあ」「そんな自分って、なんて素敵なんだろう」と思える人は、たとえ忙しくても、うんざりすることはないじゃろう。

ところがお前さんは、忙しいとうんざりする、もっと自分の時間が欲しい、という。

にもかかわらず、忙しい状態がなくならない理由は一つじゃ。それは、忙しいほうが安心できるからじゃ。裏を返せば、忙しくないと不安だからなんじゃ。

ボク　忙しいほうが安心できる、忙しくないと不安になるって、いやいや、そんなことないと思いますけど？

金じぃ　本当にそうかのう？　ならば想像してみい。あるとき、やることがなくなって、会社を休めるようになったとする。お前さんは、どう感じるかのう？

ボク うれしいです！　でも、同時に、「このまま自分の仕事がなくなったら……？」って怖くなりそうです。給料が下がったり、最悪、リストラされたらどうしよう……って。うわ、想像しただけでぞっとします！

金じぃ ほれみい。忙しくてうんざりする、もっと自分の時間が欲しいといいながら、じつはヒマになることを恐れておる。つまり忙しいほうが安心できる、忙しくないと不安になる、ということではないかのう？

ボク いわれてみれば、たしかにそうですね……。

「不安の感度」をぐんと落とす

ボク でも、世の中の大半の人は働かなくては生活できませんよね。「仕事がない＝生活できない」ということだから、ヒマになると不安になる、というのは仕方ないんじゃないですか？

金じぃ うむ、お前さんのいうことにも一理あるな。だがワシが伝えたいのは、忙しくないと不安なあまり、多くの人が心の余裕をなくして、自分で自分を追い立てている、それを少し変えてみてはどうか……ということなんじゃよ。

ボク 必要以上に自分を忙しくさせている、ということですか？

金じぃ そうなんじゃ。よいか、何もしていない時間には、普段の思考が増幅されるものじゃ。**「忙しいほうが安心、忙しくないと不安」という無意識の思考グセがある人は、少しでもヒマになると、楽しむより先に不安が増幅してしまう。だから、少しのヒマもできないくらいに、自分を忙しくさせてしまうんじゃよ。**

ボク まさにボクが、「このまま仕事がなくなったらどうしよう……」と想像してしまったみたいに……？

金じぃ そうじゃ。忙しくしていれば、余計なことを考えずに済むからのう。もちろん、不安が役立つ場合もある。たとえば、「仕事にあぶれて食えなくなるかもしれない」という不安から、貯金をする。「大きな災害が起こるかもしれない」という不安から、避難用持ち出し袋を備える。こういうのは、役に立つ不安といえるな。

ボク　そうですよね。いっさい不安を感じなかったら、万が一のときに、さすがにマズい気がします。

金じぃ　うむ。不安は、いわば、古来からの生存本能じゃ。「獲物がとれないかもしれない」という不安があるから食べ物を保存する。「別のグループに襲《おそ》われるかもしれない」という不安があるから見張りを立て、壁を築く。お前さんたちは、こんなふうに不安を感じ、うまく対策を立てて生き残ってきた人たちの子孫なんじゃ。

そういう意味では、お前さんたちが不安を感じやすいのは本能として仕方がないともいえるじゃろう。**だが現代に生きるお前さんたちは、幸いにも、先祖たちほど強く不安を感じなくても生きられる。これは確かなことじゃ。そろそろ不安の感度を、かなり落としてもいいころではないかのう？**

ボク　不安の感度を落とす、か。そういわれても、本能を変えるのは簡単じゃありませんよね……。

金じぃ　たしかに、そうじゃな。ならば、次のようにアプローチしてみるとよかろう。生来の本能は、生まれた後の刷り込みによって増強されることが多い。その刷り込みの部分を転換させてしまうんじゃ。

「働かない者は痛い目を見る」は本当か？

金じぃ　たとえば、「アリとキリギリス」という有名な童話があるじゃろう？

ボク　ああ。夏の間、アリはコツコツ働いて食べ物を蓄えた一方、キリギリスは楽器を奏《かな》でたり歌ったりと、遊んでばかりだったために、冬になると飢《う》えてしまう……ってやつですよね。だから、コツコツ働く人のほうがエライ、みたいな。

金じぃ　うむ。まさに「勤労は美徳、怠惰《たいだ》は悪徳である」と教えておるな。だが、よくよく考えてみい。**アリがせっせと食べ物を集める一方で、音楽を奏でていたキリギリスは、そんなに悪いんじゃろうか？**

ボク　悪者じゃないにしても、ろくに働きもせずに遊んでいたのだから……。

金じぃ　だが見方を変えれば、楽器を奏でたり歌ったりすることで、周りの人を楽しませていた、ともいえるのではないかな？

「キリギリスの音楽を聞いたアリは元気になって、食べ物をキリギリスにプレゼントした。するとキリギリスはもっといい演奏をするようになり、みんな幸せになったとさ」――こう書き換えてみると、どうじゃ？

ボク そうか。楽しんでいたのは、音楽を奏でていたキリギリスだけじゃなくて、アリだって、キリギリスの演奏を聞いて楽しんでいた……と。そう考えると、お互いにハッピーな物語になりますね！

金じぃ 作品が伝えようとしていることは、「働かない者は痛い目を見る」ということなんじゃろう。**だが、さっきのように自分で書き換えることで、「もっと楽しんでもいいんだ」「そこまで不安を感じなくていいんだ」と思えたら、もっと幸せな時間の使い方ができるようになるはずじゃ。それが重要なんじゃよ。**この先、人生はまだまだ続くのだからのう。

ボク そうすると、忙しさに追い立てられるばかりじゃなく、もっと心の余裕をもって、豊かな時間の過ごし方ができますかね……？

金じぃ そうじゃ。忙しさで埋め尽くさなくても不安に襲われることなく、日々をもっと楽しめるようになるじゃろう。心に余裕ができれば、身のまわりのことにも、もっと目が向くようになる。「ありがたいなあ」「すごいなあ」と感謝&感動する時間も多くなるはずじゃよ。

ボク 感謝&感動って……あ！ 前に、周りに感謝&感動すると、周りからも感謝&感動されるようになる、という話がありましたよね。すると、もっとおカネが流れ込んでくるという……。金じぃが最初にいってた「時間とおカネは切っても切り離せない」って、こういうことだったんですか？

金じぃ よう気づいてくれた！ そのとおりじゃ。忙しくないと不安な人は、いつもなにかに追い立てられていて、心に余裕がない。**結果、自分を取り巻くものの素晴らしさや、ありがたみにも気づきにくくなってしまうんだが、不安の感度が下がり、もっと心豊かに時間を使えるようになると、そういったものに気づけるようになる。**こうして幸せなカネ持ちマインドが整うんじゃ。

ボクの学びメモ ㉓

□ 忙しいのは、「忙しくないと不安になる」から。つまり、不安を避けるために、ヒマにならないよう自分で自分を追い立てている。

□ 不安を感じるのは人間の本能。危機に備えるなど、役に立つ不安もある。しかし、現代は、そこまで不安を感じなくても生きていける時代。

□ 童話「アリとキリギリス」を、「キリギリスの音楽でアリが元気になった。アリはそのお礼にと、キリギリスに食べ物を分けてあげた」と書き換える。

□ すると、ヒマに対する不安が消えて、もっと心豊かに時間を過ごせるようになる→結果、「幸せなカネ持ちマインド」が整う！

「時間セレブ」になってみると、大きく変わるぞ

たった1時間の昼休みでも、ゆったり過ごせば大違い

金じぃ 今までワシが話してきたことを実践していくと、お前さんも、いつか世間からカネ持ちと呼ばれるような人物になるじゃろう。

だがそこで、ヒマに対する不安が残っていたり、ムダに時間を過ごすことにオッケーが出せていなかったりすると、結局は、仕事に追いまくられる人生を送ることになってしまう。 ありあまるカネを得てもなお、忙しさから解放されず、仕事に人生を奪われてしまうんじゃ。

ボク 仕事に人生を奪われる……、そんなのイヤです。どうしたらいいですか?

金じぃ 今から、心豊かに時間を過ごす練習をすることじゃ。言い換えると、「時間セレブ」になるということなんじゃが……わかるかのう?

ボク 時間セレブって、何がなにやら、まったくわかりません……!

金じぃ　**ま、ひと言でいうと「ボーッと何もせずに過ごす時間をもつ」ということ**なんだが……これが簡単なようで、じつは多くの日本人にとって難しいようじゃのう。たとえば欧米人は、たいてい1カ月くらいバカンスをとることは知っておるな？　しかも南の島などに行って、基本的に何もしない人が多いんじゃ。だが日本人は、ほんの数日間の旅行にも、予定を詰め込むじゃろう？

ボク　休暇中ですら忙しい日本人……。

金じぃ　そうなんじゃよ。もちろん欧米人がみなカネ持ちというわけではないが、バカンスの過ごし方に限っていえば、カネも時間もある人――まさにセレブ的な過ごし方をしている人が多いんじゃ。そのマインドは、ぜひとも日本人も学べばいいと思うんじゃよ。

ボク　そんなことをいわれても難しいですよ。そもそも日本の会社では、1カ月も休暇なんてとれないし……。

金じぃ　いや、そういうことではない。**彼らのセレブ的な時間の過ごし方を真似してみい、ということじゃ。たとえ数日間の余暇《よか》、いや、数時間の空き時間でも、それは可能**

金じぃ **じゃ。**たとえば、今までは1時間の昼休みを慌《あわ》ただしく過ごしていたかもしれん。それを、たとえば眺《なが》めのいい場所でのんびり昼食を食べるようにしてみる、とか……。

ボク そうか、食べ終わっても、すぐに仕事に戻らずにボーッとするとか……？

金じぃ そういうことじゃ！　どうじゃ、これならば、すぐにできるのではないかのう？

ボク そうですね。今までは「時間を効率的に使わなくてはいけない」「意味のない時間を過ごしてはいけない」なんて思ってきましたけど、無駄に時間を過ごすことも大事なんだな……。

金じぃ うむ。心の健康のためには、ムダな時間はムダではないといってもよかろう。

ありえない時間の過ごし方をする

金じぃ どうもお前さんをはじめ、日本人には「何もしない時間＝無駄＝悪」という考え方が刷り込まれているように思えてならん。その刷り込みから脱するために、自分ではありえない時間の過ごし方をしてみる、というのもよいぞ。これは、ちょっとし

「慌ただしくしない」練習をしよう

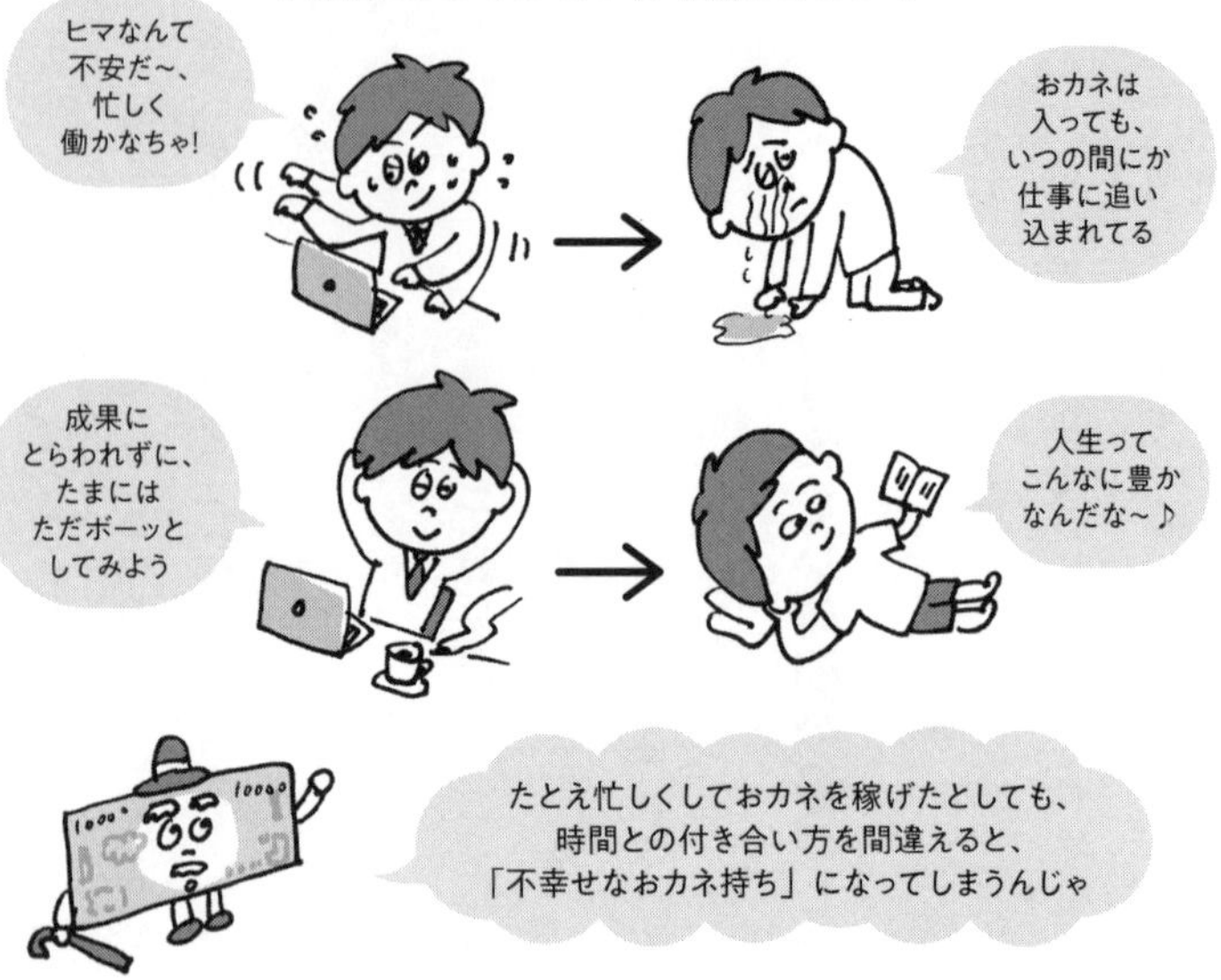
ヒマなんて
不安だ～、
忙しく
働かなちゃ！
おカネは
入っても、
いつの間にか
仕事に追い
込まれてる
成果に
とらわれずに、
たまには
ただボーッと
してみよう
人生って
こんなに豊か
なんだな～♪
たとえ忙しくしておカネを稼げたとしても、
時間との付き合い方を間違えると、
「不幸せなおカネ持ち」になってしまうんじゃ

たショック療法じゃ。

ボク　ありえない時間の過ごし方……ということ？

金じぃ　言い換えれば、今まで自分に暗に禁じていたような時間の過ごし方じゃ。改めて自分を振り返ってみぃ。お前さんにとって「時間の無駄だ！」と思う過ごし方は何かのう？

ボク　なんだろう？　1日中、寝て過ごした日とかは「今日は何もしなかった……なんてことだ！」と罪悪感に襲われることがありますね。あとは、くだらない深夜テレビをダラダラ見たりとか、1日をゲームに費やしたりとか、そんな過ごし方はしないように気をつけています。

金じぃ **では、今度の休日には、あえてその過ごし方をしてみるとよいぞ。すると「何も成果を生まない時間」にもオッケーが出せる。**「意味のある時間にしなければ」という焦《あせ》りや不安と無縁になれる。そうなればなるほど、お前さんの時間は心豊かなものになるというわけじゃや。

ボクの学びメモ ㉔

- □ ヒマに対する不安が残っていると、おカネ持ちになってからも、自分で自分を追い立ててしまう→今のうちに心豊かに時間を過ごす練習をする。
- □ 何もせずにボーッとする時間をつくる。
- □ 自分で暗に禁じていた時間の過ごし方をしてみる。

安心せい、「無一文」になっても大丈夫じゃ

日本のセーフティネットは世界有数レベル

金じぃ　今まで多くの人間を見てきたが、「忙しいほうが安心、忙しくないと不安」という刷り込みは、ずいぶんと根深いようじゃ。忙しいことにやりがいを感じる人も多いようでのう……。

ボク　それ、すごくわかります。「忙しい＝それだけ人から求められている＝自分の仕事には価値がある＝やりがい」という図式なんですよね。

金じぃ　うむ。「多くの人から求められている、それだけ自分は愛されているんだ、人に喜びを与えているんだ」と感じられるのはいいんじゃ。**しかし、やりがいを感じたいばかりに、自分を忙しく、苦しい状況に追い込んでしまうと、とたんに「仕事＝苦しいもの」となって、カネの流れが悪くなってしまう……。**

ボク　うーん、難しいなあ。このままだと、簡単に「仕事＝苦しいもの」という考えに戻

ってしまいそうです。何か、「忙しくなくても不安になる必要はない」っていう、特効薬的な話があれば安心できるんですけど……。

金じぃ ふむ……。では、たとえ無一文になっても大丈夫——といったらどうかな？

ボク 本当にそうなら、めちゃくちゃ安心できますけど……、無一文になったら、ぜんぜん大丈夫じゃないですよね？

金じぃ いや、本当に大丈夫なんじゃよ。そういえる理由は二つじゃ。**まず一つは、そもそも、この国にいる限り、最低限の暮らしは確保できるからじゃ。**何しろ日本のセーフティネットは世界有数の手厚さだからのう。失業したら失業保険が出る。それでも困ったら、生活保護がある。

ボク 失業保険に生活保護……。たしかに最低限の暮らしはできるでしょうけど、なんか、イヤだなあ。

金じぃ ほう。「なんかイヤ」とな。それはどうしてじゃ？　世間体が悪いから、恥ずかしいから、プライドが許さないから、親に顔向けできないから……、そんなところじゃろう。

ボク　はい。それに、なんだか「お前は世の中で必要とされていない」っていわれているみたいで、悲しいですし……。

金じぃ　まあ、それが人情というものかもしれんな。わからんではない。**だが、「いざとなったら失業保険」「いざとなったら生活保護」と思っておく分には、大きな安心材料になるはずじゃ。**どうかのう？

ボク　たしかに……。仕事を失って精神的に追い詰められる人もいることを考えれば、困ったときにはそういう制度がある、と思っておくことが、心のセーフティネットになりますね。

金じぃ　ほう、心のセーフティネットとは、よういうたもんじゃ。まさにそのとおりじゃよ。

自分と世の中を信じること

金じぃ　さて、**無一文になっても大丈夫な理由、その2は、困ったときには必ず誰かが助けてくれるに決まっているからじゃ。**

ボク うーん、それはちょっと信じがたいような……。いったい誰が助けてくれるっていうんですか？

金じぃ 周りの人たちじゃよ。お前さんが人を騙したりしてカネを得ていなければ、お前さんに対する信用は、すでに積み重なっておる。**だから、万が一、仕事がうまくいかなくなって無一文になったとしても、お前さんを信用し、愛している人たちが、必ず手を差し伸べてくれるじゃろう。**

それに、お前さんだって、「愛されている自分」を実感していれば、困ったときに「ボクのこと好きでしょう？」という気持ちで、躊躇なく周りに助けを求めることができるはずじゃ。

よし、これですべて解決じゃ。もう無一文になっても大丈夫と思えるじゃろう？

ボク 安心感と引き換えに、不安が吹き飛んだのではないかな？

ちょっと待ってください。困ったときに助けてくれる人なんて、本当にいるんだろうか……っていうところで、まだ止まってしまっているんですけど。

金じぃ ふむ……。**「無一文になっても大丈夫」というのは、周りの人たちも含めて、世の中**

を信じるということじゃ。そこを心底、信じられると、「仕事がなくなったらどうしよう」という不安に苛《さいな》まれなくなり、自分を追い立てることもなくなる。

それでこそ最強なんじゃが……、信じられないということは、まだまだ、自分は仕事を通じて人を喜ばせているんだと、ちゃんと実感できていないんじゃな。「愛されている自分」の自覚も、まだまだ足りないようじゃ。

これらの点がしっかり心に響いていれば、「こんなに素敵な自分なのだから、何があっても大丈夫。助けてもらえる」と、すんなり信じられるはずだからのう。

ボク　不出来な生徒ですみません……。

金じぃ　なに、落ち込む必要はないぞ。大人は自分を再教育できる、これは確かなことだが、それには訓練が必要じゃ。多少、時間がかかっても仕方あるまい。今のお前さんに必要なのは、今までワシが話してきたことを反復し、頭だけでなく心にまで落とし込むことじゃ。

ボクの学びメモ ㉕

□「いざとなったら失業保険、生活保護」というのを安心材料にする。

□困ったら、誰かが必ず助けてくれる。「助けてもらえる自分」と、「助けてくれる世の中」を信じることが大事。

とにかく「今」を楽しむことじゃ

究極のお手本は「子どものころの自分」

金じぃ　ともかく、最後にお前さんに身につけてほしいのは、不安を感じることなく、心豊かに時間を過ごせるマインドじゃ。それはわかってもらえるかのう？

ボク　はい、わかります！　ただ、自分で思っていた以上に、いろんな不安が根深いみたいで……これは時間がかかりそうだなあ。

金じぃ　大丈夫じゃよ。なぜなら、不安を感じることなく、心豊かに時間を過ごすというのは、お前さんにとって初めてのことではないからのう。

ボク　初めてではないって……え？　どういうことですか？

金じぃ　**ヒントは子ども時代にある。誰もが子どものころは、心豊かに時間を過ごしていたはずじゃ。**お前さんだって例外ではない。思い返してみい。子どものころ、「仕事がなくなって、食えなくなったらどうしよう」なんて不安はなかったじゃろう？

ボク たしかに……！

金じぃ すべての不安は、未来に対するものじゃ。**だが、子どもは「今」を楽しむのに夢中で、未来のことを考えるヒマがない。**そして、そんな「今」を楽しむマインドこそ、まさしく不安を感じることなく、心豊かに時間を過ごすマインドの究極といえるんじゃ。

ボク つまり、究極のお手本は「子どものころの自分」ということ……？

金じぃ そうじゃ。お前さんは、心豊かに時間を過ごすために、これから何か「新しい自分」になるのではない。**「かつての自分を取り戻す」と考えればいいんじゃよ。**

新しい経験で、かつての自分を取り戻す

金じぃ かつての自分を取り戻す、その一つの手がかりとして、何か新しいことを経験するというのもよかろうな。なぜなら、子どもにとっては毎日が発見だらけ。つねに新しい経験をしているのだからのう。

ボク　新しい経験をすることで、より「今」を楽しむことができるようになるんですね？
子どものころの自分のように……。

金じぃ　そうじゃ。そして、新しい経験をするには、カネが必要になることもあるじゃろう。
するると、苦労や不安とともに働くのではなく、喜びや感謝とともに働けるようにな
るんじゃ。

ボク　働いて得たおカネで、もっと新しい経験を買うことができる……と？

金じぃ　そういうことじゃ。**新しい経験によって、「今」を楽しむ子どものころのマインド
を取り戻せる。さらには、「新しい経験を買うため」と思えば、働くことをいっそ
う「うれしいなあ」「ありがたいなあ」と思えるようになるんじゃ。**
ひょっとしたら今は、どんな新しい経験がしたいかなど、思いつかないかもしれん。
だとしたら、それは今まで忙しすぎたせいじゃろう。時間に追われているうちに、
「自分はどうしたいのか？」という視点が削《そ》がれてしまっているんじゃ。

ボク　そうかもしれません。新しい経験をすると聞いても、何も思いつかないし、ワクワ
クもしません……。かなり重症ですかね？

金じぃ　安心せぃ。**まずは、前に話したように、ちょっとの空き時間を、のんびり、ボーッと、豊かに過ごすようにすることじゃ。そして、あえてムダに時間を過ごしてみる。**
これがリハビリのようになって、やがて、素直に「こんなことやってみたい！」ということが出てくるじゃろう。

ボクの学びメモ ㉖

□ 子どものころは、「今」に夢中で、未来への不安なんて感じていなかった。そのころの自分が、心豊かに時間を過ごすお手本。
□ 子どもにとっては、毎日が発見だらけ。新しい経験をすることで、大人になってからも、子どものように「今」を楽しめるようになる。

「自分ファースト」こそが人生の正解じゃ

「世間的な正解」ではなく「自分の幸せ」が正解

金じぃ　さて、ワシの話はもうおしまいじゃ。今まで話してきたことを実践し、心に落とし込んでいくことで、今後、どんどん現実が変わっていくぞ。

ボク　はい、楽しみです！

金じぃ　だが、その道中では、おそらく迷うこともあるじゃろう。そんなときのために、つねに頭に置いてほしいことを最後に話しておこうかのう。いわば、ワシからお前さんへの餞別《せんべつ》であり、今後の道しるべとなる話じゃ。

ボク　お願いします！　何か指標がないと、簡単に不安が戻ってきて、ダークサイドに落ちてしまいそうなので……。

金じぃ　よかろう。今後、つねに頭に置いてほしいこと、**それは、心を「何が正解か」ではなく、「誰が幸せか」にチューニングする、ということじゃ。**

「何が正解か」で物事を判断するというのは、とくに日本人に多いようじゃのう。「自分の判断は、世間的に正解だろうか……」とな。これも不安の発生源になっているように見えるんじゃ。

ボク たしかに、世の中で正解とされていることを選ばないと不安、みたいなプレッシャーは、つねにある気がします……。

金じぃ お前さんも、そのようじゃな。**だが、本当に大事なのは、「人から見た正解」ではなく、「自分から見た正解」じゃ。そして、「自分から見て正解かどうか」は、「自分が幸せかどうか」で決まる。**要するに、自分の幸せを最優先とすることが、人生の正解といってよかろう。

ボク 自分の幸せが最優先って、だいぶ自己チューに思えますけど……？

金じぃ ほう、では聞くが、自己チューで何が悪い？　お前さんの人生は、お前さんのものじゃ。自分ファーストで考えるのが当然ではないかのう？　**それに、自分を一番大切にしていない人は、人を大切にすることもできない。**自分ばかりか周りの人たちの幸せのためにも、自分の幸せに心をチューニングしたほうがいいんじゃよ。

ボク　そうなのか……。たしかに「自分を愛せない人は、人のことも愛せない」ってよくいいますもんね。

金じぃ　おお、それは、ワシが知っているお前さんたちの言葉の中でも、とくに気に入っているやつじゃ！　ともかく、心を「自分ファースト」にチューニングする。迷ったら、自分が、より幸せを感じるほうを選ぶことじゃな。

ほんの小さなことでも、「何が自分を幸せにするか」と考える

金じぃ　より自分が幸せを感じるほうを選ぶ。こういうと、人生の大きな決断のときを思い浮かべるかもしれんが、それだけではないぞ。**たとえば、今日使う100円についても、「自分が幸せになる使い道はなんだろうか」と考えるんじゃ。**

ボク　そうか、日々、つねに自分の幸せを考えることが重要なんだ……。そうやって、徐々に自分ファーストにチューニングしていくってことですね？

金じぃ　そうじゃ！　**ほんの小さなことでも、何が自分を幸せにするだろうかと考える。**こ

つねに「自分を幸せにすること」を意識しよう

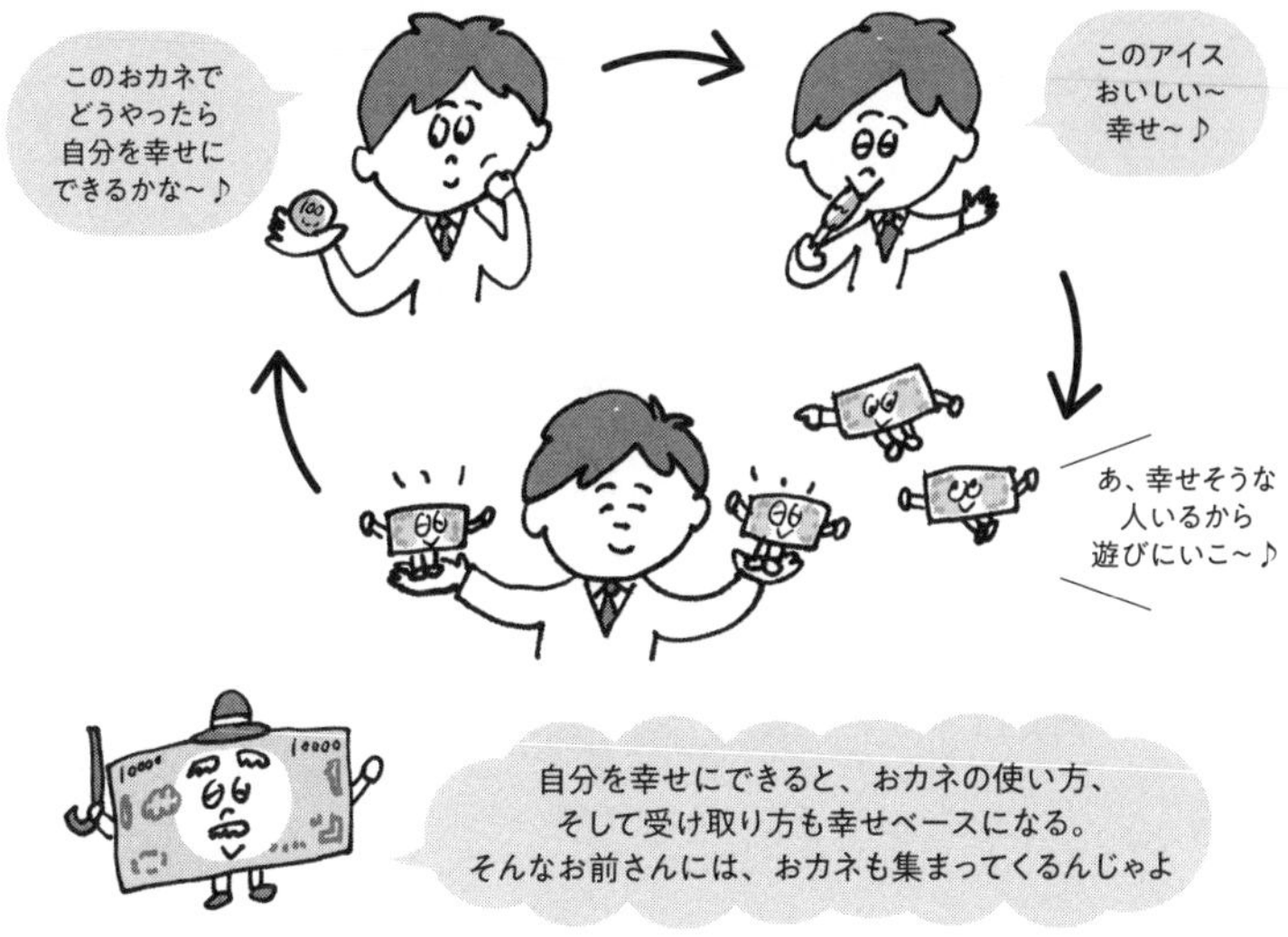
このおカネで
どうやったら
自分を幸せに
できるかな～♪
このアイス
おいしい～
幸せ～♪
あ、幸せそうな
人いるから
遊びにいこ～♪
自分を幸せにできると、おカネの使い方、
そして受け取り方も幸せベースになる。
そんなお前さんには、おカネも集まってくるんじゃよ

れを毎日の習慣とすることで、「世間的に何が正解か」モードではなく、「自分が幸せかどうか」モードが普通になるんじゃ。

すると、何も考えなくても自分が幸せなほうへ、幸せなほうへと、自分をもっていくことができるんじゃ。よいな？ このことをつねに頭に置いて生きていくんじゃぞ。

ボク 自分の幸せに従うことを、つねに意識していく……。それがおカネの使い方、そして受け取り方、すべてのベースになるんですね。

金じぃ そのとおりじゃ。**自分で自分を満たせる**

幸せな人は、幸せなカネの使い方ができる。そして、幸せなカネの受け取り方ができる。そういう人のもとにこそ、ワシらは引き寄せられるんじゃ。ここまで、お前さんは、よく学んできたのう……。

ボク はい、こういうのも照れくさいですけど、今後の自分がどうなっていくか、楽しみです！

「旦那」思想で生きていく

金じぃ うむ。では、最後の最後に一つ、伝えておきたいことがある。よいか？　これから、世の中は大きく変わっていくじゃろう。社会が根底から揺《ゆ》るがされるような、大きな危機が起こるかもしれん。そんなときでも、くれぐれも自分を大切に、そして周りの人たちを大切にな。

ボク はい……！

金じぃ そして、そんな困難のときにこそ、「自分には何ができるだろうか」と考えてみてほしいんじゃ。危機に見舞われると、とかく人は不安と恐怖から行動するものじゃ。視野が狭くなって他者を思いやれなくなり、「自分さえよければ」という発想に陥《おちい》ってしまう。災害が起こったときの買い占め行動などは、その典型例じゃな。

ボク あれはよくありませんよね……。いざというときに慌てなくていいように、前もって備えをしておくことも大事なのかなと思いました。前に金じぃもいってましたよね、万が一に備えるための不安は必要なものだって。

金じぃ うむ。そのとおり、備えておくことは大切じゃ。というのも、世の中の多くの人は、大した備えのないまま危機に見舞われるから、右往左往《うおうさおう》してしまう。すると、その不安と恐怖があっという間に伝播《でんぱ》し、増幅され、社会全体が巨大な不安と恐怖のどん底に突き落とされてしまうんじゃ。**これが、人々が「大きく」「恐れて」「慌てる」——すなわち「大恐慌」の始まりなんじゃよ。**

ボク そうなんだ……。経済は感情で動くっていう話も、最初のほうにありましたね。

金じぃ そのとおりじゃ。ここで問題は、そんな不安と恐怖の渦が起こっているときに、自分はどう考え、行動するか、なんじゃよ。

周囲の不安と恐怖の渦に巻き込まれないこと。「自分には何ができるだろうか」と考え、小さなことでも実践していくこと。このように、いかに前向きで建設的でいられるかというのも、幸せなカネ持ちの条件じゃ。というより、本当に幸せなカネ持ちならば、自然と、このように考えられるものなんじゃ。

ボク　すごい！　幸せなおカネ持ちの行き着くところは、社会への貢献なんですね！

金じぃ　うむ、そういってよかろうな。かつて、こうした社会貢献をする人たちは「旦那《だんな》」と呼ばれておった。

ボク　へえ、なんかカッコいいですね。ボクも「旦那」を目指します！

金じぃ　よい心がけじゃ！　**だが勘違いしてはいかんぞ。社会に貢献できるのは、まず自分を満たしているからじゃ。**そうでないと、自分を犠牲にして周りのために行動し、結果としてネガティブ感情が渦巻いてしまうという、「自己犠牲のワナ」にはまってしまう。ここまで学んできたお前さんなら、もうわかるな？

ボク　はい！　自分を幸せで満たしてこそ、周囲を幸せで満たすことができる。その考え方を頭と心に刻んで生きていきます。

金じぃ　よしよし、ならば安心じゃ。さてと、そろそろ行くとするかのう……。

ボク　え、もう行っちゃうんですか？

金じぃ　うむ。大事なことはすべて伝えたから、お前さんはもう大丈夫じゃ。だがワシは、いつでもお前さんを見守っておる。そしていつか、大勢の仲間を引き連れて戻ってくるじゃろう。そのときを楽しみにしておるぞ。

ボク　金じぃ！　ありがとう……！

ボクの学びメモ ㉗

- □ 自分の人生なのだから、自己チューでいい。「世間的な正解」は置いておいて、「自分の幸せ」を最優先にする。
- □ 小さなことでも「自分の幸せ」を考えることで、自分ファーストになっていける。
- □ 危機のときこそ、周囲の不安や恐怖に巻き込まれず、「自分には何ができるか」を考えるのが幸せなおカネ持ち→これを目指す！

おわりに――

お金との誤解を解いて、お金と仲よくなるために

「お金とは愛の光がね！」

僕の師匠であり、日本一の大投資家と呼ばれた竹田和平さんが、笑いながらそう話されていたことを今でも思い出します。

和平さんとは500泊以上寝食を共にし、多くの帝王学を学ばせていただきましたが、その中でも特に印象深かったのがこの言葉です。

僕がこれまでに出会ってきた、長い間に渡って幸せなお金持ちでいる方は、お金との関係性がとてもよく、お金に対しての捉え方が愛にあふれている方ばかりでした。

だからこそ、「お金との誤解を解いて、お金と仲よくなる」というのが、僕がこの本でもっとも伝えたかったテーマなのです。

お金に困らず、いつもお金に恵まれている人は、お金ととても仲よしです。
人間関係にもいえることですが、誤解をして関係性が悪化すると、疎遠《そえん》になってしまいますよね。お金もそれと同じで、誤解をして関係性が悪化すると、疎遠になってしまうのです。

本書をお読みいただき、お金とは本来、「人と関わりながら、自分をより豊かにしていく素晴らしい発明品」だと、より一層ご理解いただけたかと思います。

今回の本では物語形式にすることによって、お金との誤解を解いていき、お金と仲よくなる過程を、一緒に楽しんでいただければと思いました。
お金は自分自身を豊かにしていくもの。そうであれば、楽しみながら学びを深めていくのが一番だと思ったからです。

僕は20代半ばのころ、父の仕事であるゴルフ会員権の売買業を手伝っていました。

お客様は、数千万円もするゴルフ会員権をポンと購入される方々です。どうやったらそんなにお金に恵まれるのか？　すごく興味を惹《ひ》かれました。と同時に、経済的な理由でゴルフ会員権を手放す方にも多く出会いました。なかには、一度ピンチが訪れても復活される方もいらっしゃいました。

そんなふうに、お金に関していろいろな経験をされている方々の話をお聞きする機会に恵まれたのです。

すると、毎日お客様とお会いしているうちに、「あ、この社長さんは数年後ももっと活躍していらっしゃるだろうな」とか「この方はこの先ちょっと苦しくなるだろうな」といったことが、だんだんとわかってくるようになりました。なんとなく「お金の法則」が見えてきたのです。

そして、そういう「お金に恵まれる人」に共通している点というのが、「人との関係性やお金との関係性がすごくいい」ということだったのです。

それから、「お金との関係性をよくするにはどうしたらいいのだろう？」

という疑問を持つようになり、仕事そっちのけでお客様に質問をしまくるようになったのです。

そうして得た学びをベースに、ホームページを作ると、僕自身、初年度で年商10億円を超えることができました。

当時は2000年で、まだインターネットがそこまで普及する前。僕自身もその2年前まで、世界を自転車旅で放浪しまくっていたので、ビジネスの経験がゼロ。

これは僕の実力でもなんでもなく、単にお金に対しての考え方や捉え方を変えた結果だと思っています。

この本で、お金に対しての考え方や捉え方が伝わり、お金に困らなくなるだけでなく、お金を使ってたくさんの愛情表現をして、周囲の人たちを豊かにしていく、そんな人たちが増えていったら幸せだなと思っています。

お金というのは不思議なもので、「自分のためだけに」と思って手に入れようとするのではなく、「愛する人や周囲の人のために」と思って動くと、より大きなスケールで入ってくるようです。

お金とは本来、相手も自分も豊かにしていくもの。なので、相手を思えば思うほど、もちろん自分のことも思うほど、より豊かになっていきます。

お金の器とは、愛情の器ともいえるでしょう。


冒頭でご紹介した「お金とは愛の光がね！」という言葉の意味ですが、『あなたが好き！』という気持ちで渡すよね。もらうときも『私のことが好きなんだね』って気持ちでいただくよね。そしてインターネットの時代になり、光の速さでお金が伝達していくがね！」と和平さんがおっしゃっていました。

最初はポカーンとして意味がわからなかったのですが、その意味が徐々に理解できるようになってきました。

よく和平さんが「天に愛される生き方をすればええがね」ともおっしゃっていました。当時の僕はそのような視点を持っていなかったので、呆気《あっけ》にとられたのですが、判断に迷ったときに「どちらのほうが天が喜ぶかな」と和平さんの視点を持ち始めると、いろいろと幸運に恵まれるようになりました。金は天下の回りものともいいますが、天が喜ぶような回り方を心がけると、より一層豊かになると思っています。

最後までお読みいただき、ありがとうございました。

あなたのお金が、あなたの愛情と共に、いろいろな世界をめぐり、また戻って循環しますように。

本田晃一

２０２０年８月　東京の自宅にて

著者プロフィール

本田晃一（ほんだ・こういち）

1973年１月生まれ。1996年にオーストラリア大陸を自転車で横断。バックパッカースタイルで世界を回る。そのとき、オーストラリアで多くの人がインターネットに触れていることに刺激を受ける。帰国後、父のゴルフ会員権売買業を手伝う。ゴルフ会員権を購入するお客様は、経済的に豊かなだけでなく、生き方も豊かな方が多く、たくさんの助言をいただく。お客様のアドバイスをベースに、２年かけてホームページを立ち上げ、年商は10億円超を記録。富裕層のお客様から、愛されるビジネスの構築だけでなく、家族との幸せな時間を大切にするために、自由なプライベートの時間を確保する秘訣も教わる。

当時は、インターネットが普及し始めた2000年で、「ネットマーケティングのパイオニア」と呼ばれ、コンサルや講演依頼が殺到したものの、自分の時間を大切にしたく、講演よりも多くの人に届けられるブログや公式ホームページ等を通して情報を配信し始める。

「お客様から愛されながら会社を発展させる」ことだけでなく「忙しい経営者がどうやって自由なプライベートの時間を確保し家族と楽しめるか」といった自由なライフスタイルを提唱。2007年、日本一の個人投資家・竹田和平氏から後継者としての打診を受け、和平哲学の素晴らしさに感銘、気づけば500泊寝食をともにし、多くの帝王学を学ぶ。

2010年の結婚を機に、家族関係や人間関係などより幸せに生きるヒントを達人たちから学び、そこで得たヒントもまとめ「世界一ゆる〜い幸せの帝王学」としてブログなどで配信中。夢は多くの旦那（与えられる人）を育てること。

著書に『日本一の大投資家から教わった人生でもっとも大切なこと』（フォレスト出版）、『はしゃぎながら夢をかなえる世界一簡単な法』（SBクリエイティブ）、『半径３メートル以内を幸せにする』（きずな出版）、『毎日を好きなことだけで埋めていく』（祥伝社）などがある。

本田晃一公式サイト
https://hondakochan.com/
オフィシャルブログ「世界一ゆる〜い幸せの帝王学」
https://ameblo.jp/hondakochan/

不思議《ふしぎ》とお金《かね》に困《こま》らない人《ひと》の生《い》き方《かた》

令和2年9月10日　初版第1刷発行

著　者　本《ほん》田《だ》晃《こう》一《いち》

発行者　辻　浩明

発行所　祥《しょう》伝《でん》社《しゃ》

〒101-8701
東京都千代田区神田神保町3-3
☎03(3265)2081(販売部)
☎03(3265)1084(編集部)
☎03(3265)3622(業務部)

印　刷　堀内印刷

製　本　積信堂

ISBN978-4-396-61737-0 C0030

祥伝社のホームページ・www.shodensha.co.jp